Transformation and Development of Traditional Publishers:

Perspectives in the Digital & Internet Eras

数字网络环境下传统出版社的转型发展

陈昕——著

格致出版社 上海人民出版社

2015 年 6 月 23 日作者在台北就本书部分内容做学术演讲

陈　昕

中国出版协会副理事长，上海社会科学联合会副主席，《辞海》副主编，《汉语大词典》副主编，编审职称。曾任上海三联书店总编辑、香港三联书店总编辑、上海人民出版社社长兼总编辑、上海市新闻出版局副局长、上海世纪出版集团党委书记兼总裁。兼任上海交通大学、武汉大学、同济大学、华东师范大学、上海师范大学教授，博士生导师。主持、策划、编辑了《当代经济学系列丛书》《当代学术思潮译丛》《世纪人文系列丛书》等30多套丛书，共计3000多种图书。著有《编匠心集》《中国图书业经济分析》《消费经济学批判》《WTO与中国出版》《中国出版产业论稿》《中国图书出版产业增长方式转变研究》《美国数字出版考察报告》《中国图书定价制度研究》《出版忆往》《书之重，评之轻》《出版经济学文稿》等11部著作，并在《经济研究》《人民日报》《读书》等数十家报刊上发表学术论文及文章100多篇。曾获得新闻出版总署颁发的首届中国出版政府奖优秀出版人物、新中国60年百名优秀出版人物和中国百名优秀出版企业家等称号。入选中宣部首批“四个一批”人才、中组部专家库成员、新闻出版总署首批全国行业领军人才，享受国务院政府特殊津贴。

序
走进边际成本为零的社会

张　军*

陈昕先生是华人出版界的大人物。上世纪 80 年代初中期，他不仅在学林出版社为当时的新生代经济学家出版过一些优秀的著作，而且还在三十年前一手组建上海三联书店并策划主编了《当代经济学系列丛书》，从此开启了中国经济学的上海三联学派。当今中国最有影响力的那批经济学家，最初的研究作品几乎全部是在上海三联书店的这个系列中出版的。陈昕不仅成为了中国经济学家的朋友，也

* 本序作者系著名经济学家、复旦大学经济学院院长、复旦大学中国经济研究中心主任。

站在了经济学家的行列。他对经济学有超然的直觉，善于发现有前途的研究题目并能对一些重大的理论问题发表有深度的见解。这是他三十年前就能把最优秀的经济学著作选入其出版系列并能早于他人看到中国经济学研究范式转型之必然的原因。

陈昕不仅是著名的出版人，也是著名的学者和作者。除了经济学之外，他的研究涉猎范围很广。我也很喜欢他发表的那些书评和短论文章，包括那些人文气息很浓的文章。更为难得的是，他作为行内人士，还专门从事着出版行业的研究。上世纪 90 年代初，他就出版过《中国图书业经济分析》，赢得行内外的好评。在他主政上海三联书店、香港三联书店、上海人民出版社和上海世纪出版集团期间，更是发表大量有深度的文章，我很高兴看到这些文章的一部分已经收入了这本著作，从中可以看到陈昕作为一线出版人的观察与思考，从他的分析中更能体现他作为学者的功力。与此同时，陈昕对互联网和数字化时代的到来早有警觉，许多年前就关注和思考互联网对出版行业的影响程度和影响方式。这本书的主要内容就是探讨互联网与数字化时代的到来将如何影响图书出版行业的未来。

在这本书里，陈昕发展了一个基本的概念框架，在这个框架里，他巧妙地在图书出版行业里引入了互联网和数字化时代生产方式的一个最主要特征，也就是生产的“边际成本趋于零”。在经济学上，边际成本是指在支付固定成本之后每多生产一单位的产品或服务所需要增加的成本。显然，边际成本趋于零或者为零并不是说产品的生产或服务的提供可以不需要成本。相反，生产需要巨大的固定成本投入才能使得边际成本趋于零。2014 年 10 月，我与《零边际成本社会》一书的作者杰里米·里夫金先生对话时，里夫金先生特别提到这个问题，因为很多读者总是把零边际成本理解为零成本。实际上，零成本的生产和供给是不可能的，但多生产或多提供一个单位的产品与服务而并不增加总的成本，确实是可能的。里夫金在《零边际成本社会》中不断提及的在网上下载音乐就是边际成本为零的例子。而且里夫金认为，边际成本趋于零是市场交易经济模式向他所定义的“协同分享模式”转变的触发条件。而在陈昕看来，边际成本趋于零也是图书出版行业的传统模式向数字化模式转变的触发条件。

给出这样一个判断是不容易的，因为我们之前的世界是建立在边际成本大于零并且趋于递增的条件之下的。我们迄今为止观察到的经济和社会现象均能用边际成本递增来解释。而一旦边际成本为零，除了极端的公共品的提供之外，经济学家看到的就会是逻辑上的一个悖论。比如说，在市场经济模式里，提供产品或服务的边际成本是递增的，因而，可以供给的市场存在着边界，不能任意扩大，而在零边际成本经济模式里，这个边际成本不仅在递减，而且趋向于零。这意味着，供给的边界就不存在了，一个企业可以覆盖的市场规模在理论上说可以大到无边。更致命的是零边际成本对“效率”概念的颠覆。拉里·萨默斯和他的同事在2001年曾经写过一篇论文，讨论了这个问题。这篇论文题为《信息时代的经济政策》。他们在论文里说，互联网会改变整个经济世界，但有一个问题，经济效率的根本原则是要价格等于边际成本，但是互联网中数字化的方式会使得边际成本降为零。如果信息产品以零边际成本在市场上销售，那依赖销售收入抵消支出而获得利润的公司就无法创造并且生产出这些产品了。这就是一个逻辑上的悖论。那么，这个悖论有没有解呢？

里夫金给出了一个自己的解，那就是他说的“替代”，即我们的经济正在以协同共享式的模式替代资本主义的市场经济。里夫金在与我的对话中是这样说的：

“我们可以看到第三次工业革命开始，通信、能源、交通方式都在朝着新的方向聚拢，通信网络、能源网络、物流互联网等共同组成了统一的互联网平台，这也就是‘物联网’（internet of things）。物联网所要做的就是在整个经济中传送信息，连接农田、工厂等，我们从道路系统、家庭、零售商店等处获取信息，并且通过智能设备持续发送数据。那么这些能够做什么呢？如果每一个人都连接到互联网或者物联网中，那么无数的人将通过网络把自己的经济活动传递出去，这将导致从未在历史上发生过的巨大变革，我们不由自主地被引向了同一道门。现在所有的人都知道将会发生的事情：一些人希望生产私人样式的产品，那么他们可以直接通过智能手机和手提电脑接入互联网，在价值链的各个环节按自己的个性化要求进行定制。因此，他们每个人都可以组织自己的价值链，通过互联网来敲定数据，这样能够极大地提高生产率，将边际成本减少到接近零，每个人都开始生产并分享各种商品和服务，这就形成了以零边际成本为基础的协同分享式经济。现在有人对我说，这是不是科幻小说里发生的场景？我想不是，整个互联网产业的基本算法建立了大概十四年，我们有数以亿计可以接触到互联网的年轻人。这数以亿计的年轻人都在生产和分享音乐，他们自己录制短片放在 YouTube 上，自己写新闻、书籍发布在社交媒体上，甚至以接近零的边际成本来制作自己的电子书。人们变成了产消者（prosumor）。分享变得很普遍，一旦他们生产了视频、新闻等之后，发送给一个人还是十亿人花费的成本都是一样的，也就是说边际成本接近于零。而与此相对应的传统产业已经走了十四年的下坡路，部分20世纪时的企业巨头们现在摇摇欲坠，尤其是唱片产业衰退严重，传统的报纸和杂志出版社面临倒闭，因为YouTube等网络平台的出现，电视的市场在逐渐萎缩，同样萎缩的还有书籍出版业。甚至大学也面临同样的问题，在过去两年中，在全球有600万学生在网上点击观看了在线的大学课程，这些课程都来自最好的教授和大学，中国的大学也正在参与。制作一门课程视频大概需要花费5000美元，而将这些课程发送给一个学生还是十亿个学生其成本都接近于零。如此多的学生能够在网络上免费获取课程，在线的边际成本接近零，而且他们正在获得大学的学分。而我工作的大学里的学生每年则要为由相同的教授开设的相同的课程支付60000美元，这是不对的。所有的产业都完全被零边际成本影响到了。你看，整个一代人都在经历从市场购买到通过共享经济获取娱乐、信息和知识的转型过程，或许其他的产业还认为他们很安全，他们认为会有一面防火墙阻挡零边际成本从虚拟世界向实体世界蔓延。这是错误的。我在这本书中的观点则是，由于物联网的存在，这面防火墙已经被推倒了。物联网上的通信是数字化的，这意味着每个人都被连接到了物联网上，在家中或办公室中生产绿色的电力，如利用太阳能、风能发电，能源互联网可以零边际成本地传送电能。而几乎同样零边际成本的由新能源驱动的电动车也将很快面世，并自带道路系统的GPS导航，而且几年后这些电动车将是用再生材料3D打印的。大约十年后，驾驶这些电动车的人工成本也将是微不足道的。因此，我们开始观察到，目前不仅仅有市场化运作的通信、娱乐和知识的传播，也有成千上万人协同分享式的。年轻的一代现在用3D打印软件或制造实体产品，十年后，可能小孩就可以使用3D打印机了。”

这的确是一个新的数字化的大时代。这个时代的来临，很多传统行业必然面临转型，一些行业肯定会被这个时代的到来所抛弃，别无选择。陈昕在这本书中着力分析的图书出版行业也一样，唯一的生存方式就是走进零边际成本社会。在边际成本趋于零的触发条件下，陈昕提出的图书出版行业要适应性地改变和延伸出版行业价值链，出版商的视野需要从边际成本为固定值的图书市场转型到边际成本趋于零的阅读市场（我相信，在移动互联网和数字化时代，阅读市场对出版行业是一个全新而重要的概念），这与里夫金的“协同分享模式”可谓同出一辙。

因此，如果读者能够阅读里夫金的《零边际成本社会》在先，而后再重读陈昕先生的这本著作，其价值在边际上将大增。

是为序。

2015 年 6 月 23 日

目　录

上编

数字网络环境下传统出版社转型发展的经济学分析

上　编

数字网络环境下
传统出版社转型发展的
经济学分析

进入21世纪以来，随着现代通信技术、数字技术、网络技术的迅猛发展，互联网基础设施的不断完善，出版业[1]发生了深刻的变化，新的业务形态、新的商业模式、新的产品和服务不断涌现，进而酝酿着一场新的产业革命。基于这样的背景，本编以推动传统出版社持续发展为目标，运用现代经济学的分析方法，沿着“把握趋势→实证分析→寻找路径→提出建议”的思路开展研究，深入探索数字网络环境下传统出版社的转型发展道路。

---

1 本编论及的出版业、出版产业链、传统出版社均是狭义的，分别指图书出版业、图书出版产业链、传统图书出版社。

传统出版社转型发展的必然性

本章在分析出版产业链和出版主体差异性的基础上，建立图书供给需求模型，证明在数字网络环境下，数字出版[1]的边际成本趋近于零，而传统出版的边际成本是一个大于零的固定值。在充分竞争的市场中，传统出版社将很难与数字出版主体竞争，处于相对弱势的地位。因此，牢牢把握出版业的核心功能，深入挖掘出版业的核心资源，充

1 本书对数字出版特征的理解是：（1）具有数字技术记录、储存、呈现、检索、传播、交易的特点；（2）具有在互联网上运营，实现即时互动、在线搜索等功能，具有创造、合作和分享的特性；（3）能够满足大规模定制这一个性化服务的需要。

分利用数字网络技术重构出版产业链，用互联网思维来改造传统出版业务流程，创新出版内容的呈现方式，加快传统出版与数字出版的融合，是传统出版社转型发展的必然要求。

1　出版产业链分析

数字网络技术自诞生以来就不断地推动着出版业向前发展。数字网络技术在出版产业的广泛应用，提高了传统出版社的工作效率和产品质量，优化了传统出版社的业务模式，推动着整个出版产业持续进步。与此同时，随着电子商务和数字出版主体的出现，数字网络技术特别是移动互联网技术还在改变着出版业的产业链和格局。例如，网上书店的蓬勃发展以及智能手机、电子阅读器和平板电脑的日益普及，正在引起读者购书方式和阅读习惯发生相应变化，进而导致图书消费模式和图书销售渠道的变化。更进一步的是，在发达国家，依托互联网的个人出版也已呈星火燎原之势，其对传统出版业的影响是颠覆性的还是边际性的，目前还难以预料。但不论怎样，传统出版社或被动或主动地卷入数字化、网络化改革的浪潮，已经成为一个必须直面的问题，这对整个出版业的未来发展将产生巨大且深远的影响。

最近三十多年，出版产业链随着市场深化和技术进步依次经历了四种模式：

第一种模式是最为传统的出版产业链。在这一模式中，作者与传统出版社签订出版协议，传统出版社按照纸质图书出版印刷流程出版纸质书，并通过地面书店销售给读者。传统的出版产业链以传统出版社为中心，传统出版社整合了产业链上的各种资源，从作者到编辑加工到印刷到零售到读者。同时，出版社也拥有近乎绝对的定价权，这种定价权不仅表现在对图书的定价上，而且也表现在对作者的稿酬和对零售书店实际销售价格的控制上。

我们用图 1 来表示传统的出版产业链。作者（W）、传统出版社（S）、地面书店（G）、读者（R）均是市场主体，纸质书（PB）是产品，W、S、G、R是通过PB连接起来的。传统的出版产业链中还有印刷这个生产环节和印刷企业这一主体，并涉及纸张（载体）采购的业务，图1为显示方便，把印刷和纸张采购归于传统出版社的生产业务范围（下同）。

图1　传统的出版产业链

第二种模式是近十年逐渐成熟的出版产业链。在这一模式中，作者与传统出版社签订出版协议，传统出版社按照出版印刷流程出版纸质书，这两个阶段与第一种模式完全相同。不同的是，图书除了通过地面书店销售以外，还可以通过网上书店销售给读者。近年来，以亚马逊、当当、京东为首的网上书店迅速发展起来，对地面书店产生重大冲击，导致一大批地面书店破产倒闭，一些实力较强的大型书店也难以幸免，只留下那些占有垄断资源的传统书店或拥有独特创意的特色专业书店。网上书店凭借规模优势和相对较低的运营成本，采用获取黏着度较高用户的营销策略，大幅提高图书售价的折扣率，使图书在网上书店的销售价格明显低于在地面书店的销售价格，导致购书者的分布在图书销售市场渠道中发生新的变化，进而削弱传统出版社的价格控制权。[1] 总之，网上书店的兴起，对第一种出版产业链模式产生较大冲击，其在压缩地面书店生存空间的同时，也凭借较大的市场规模和份额以及强势的谈判能力削弱了传统出版社的市场地位。

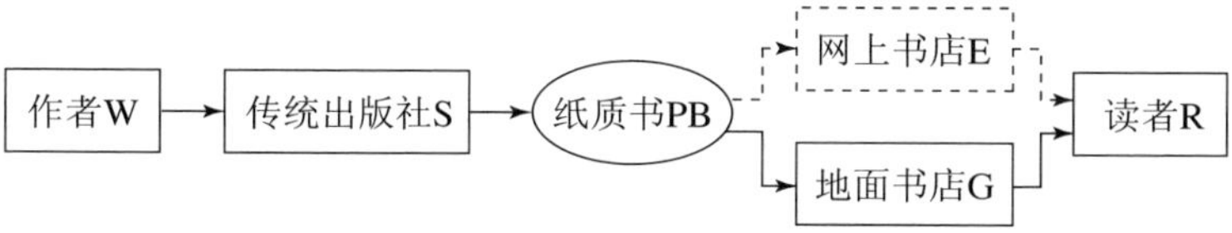

图 2　逐渐成熟的出版产业链

第三种模式是正在快速发展的出版产业链。与前两种模式最大的不同是，这一模式中出现了独立的数字出版企业。这意味着作者既可以向数字出版企业出售版权，也可

1 参见后文附录“网上书店对地面书店和传统出版社的影响”。

以向传统出版社出售版权，由此，数字出版企业与传统出版社进入了正面竞争的状态。数字出版企业按照数字图书出版流程制作电子书[1]，通过亚马逊、当当等网上书店的电子书店或专门的电子书店（如苹果、谷歌、欧务爵务、豆瓣、多看、掌阅等）销售给读者。与此同时，一些传统出版社在继续出版销售纸质书的过程中，利用传统图书资源生产电子书，形成更大一块的电子书来源，也通过上述渠道进行销售。图 3 中，网上书店（E1）既卖纸质书又卖电子书，电子书店（E2）则只卖电子书。

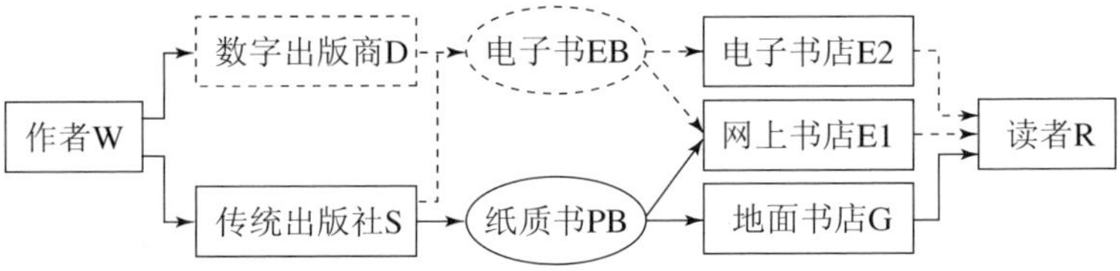

图 3　快速发展的出版产业链

1 目前关于电子书的定义有很多种。本编所论及的电子书是指，以相对独立的文件、程序（含 APP）等方式存在且呈现固定格式的数字出版物，通常具备某些明确的图书属性，因此能够用图书常用的元数据恰当描述。

由此可见，生产和销售电子书并不是数字出版企业的专利，传统出版社同样可以利用数字技术生产电子书，而且传统出版社还有得天独厚的优势，即长期积累起来的大量的作者资源和内容资源。因此，影响出版社转型发展的障碍主要还是观念上和机制上的。

从目前发展看，电子书在中国仍处于起步阶段，所占市场份额很小，但发展速度很快。2012 年亚马逊在中国推出电子书店时可以下载的电子书仅为 24000 种，而到 2013 年夏天 Kindle Paper White 在中国上市时，这个数字已为 40000 种。而在美国、英国等电子书较为成熟的国家，电子书已经占领了图书市场较大一块份额。据尼尔森公司 2014 年 8 月发布的调查数据，电子书销售在美国大众图书市场的占有率高达 25%左右。另一方面，数字技术和数字产品还在改变着阅读载体和阅读习惯。智能手机、电子阅读器和平板电脑的普及应用，吸引了越来越多的年轻人加入到购买和阅读电子书的行列。

第四种模式是尚处于起步阶段的出版产业链。在这一模式中，作者直接通过网络平台出版电子书，并销售给读者，实现出版和销售的一体化、电子化和网络化。目前，以数字化网络自出版销售（亦称自助出版销售）平台为中心的第四种模式已经在国外出现。在美国、英国等相对成熟的电子书市场上，一些人已经利用数字化网络自出版销售平台实现了“换一种方式出版”。他们抛开出版社，自行完成文字编辑排版和封面设计工作，再把作品标价后放到平台上直接销售，销售收入大多归作者所有。[1] 现有的数字化自出版销售平台主要有亚马逊的 Kindle 直接出版（Kindle Direct Publishing）、Kobo 的写作生活（Kobo Writing Life），还有 Smashwords 等。这一出版模式目前在中国还存在一定的法律瓶颈。根据中国 2002 年颁布的《互联网出版管理暂行规定》有关条款，未经批准，任何单位或个人都不得开展互联网出版活动；同时，互联网出版者应为机构而非个人。因此，在中国，个人要想在网上自出

1 http://www.ccn.com.cn/it/yaowen/2013/0109/462197.html.

版图书，首先迈不过的是法律这道门槛。不过，在中国也有变通的尝试。目前，众多网络写手通过与有互联网出版资质的文学网站进行合作，或者成为其签约作家，在其网站上发表作品，并在作品获得收益以后进行分成。比如在阅文集团属下的起点中文网、创世中文网、潇湘书院等文学网站，一旦作者的作品被放在网络或手机无线上供用户付费阅读，由此产生的收入则由起点中文网等与作者五五分成。这一模式的年收入已相当可观，高达几十亿元。与海外的数字化自出版销售平台不同的是，有互联网出版资质的网站负有对作品内容进行把关的责任。

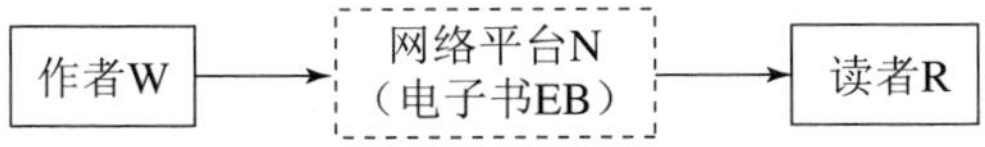

图 4　正在起步的出版产业链

总之，数字网络技术改变了图书的呈现方式，也由此改变了人们的阅读习惯，这对传统出版业无疑是一场革命。数字网络技术彻底颠覆了传统的“作者—出版—印刷—发行—读者”这一产业链，出版主体变得多元化了，除了传统出版社，数字出版企业乃至个人都成为了出版主体；印刷和发行[1]环节的重要性大大降低，仅仅对于传统出版中的纸质书才有必要，而对于数字网络出版，这两个环节已经没有存在的必要了。由此，出版业核心产业链将变为："作者—出版—读者"，甚至有可能出现"作者—网络平台—读者"的状态，出版的功能似乎被解构掉了。

毋庸讳言，目前是一个信息（其中也包括知识）生产、发布、传播极度泛滥的世界，似乎任何一个自然人或法人都可以生产信息和知识，并通过网络免费发布，或者通过一个交易平台以某一个价格销售给特定或不特定的读者。这样一种经济、社会、文化现象已经出现，但其是否会成为一种未来发展的主流趋势，并从实体性以及功能性上取代出版主体？认识这一问题的关键取决于我们如何理解和定位出版的功能。

众所周知，出版的核心功能是选择、整合、传播和积

1 这里指的是传统发行工作。

累知识和文化，其本身在一定意义上属于再创作的范畴，其结果是源源不断地生产出体系化、精品化和规模化的阅读内容。因此，出版涉及对海量信息和知识的筛选、加工、处理、集成等一系列高智力劳动，这一功能只能由高度专业化的主体来承担。不论出版的产业链如何演化和重构，出版主体的功能和地位都不会改变。

2　出版主体差异性分析

现代社会的发展表明，出版的功能不仅不会消失、不会弱化，甚至还会进一步强化，但是未来承担出版功能的主体究竟如何演变，更具体地说，传统出版社和数字出版企业在未来出版市场竞争中博弈的格局如何，传统出版社又如何转型发展，倒是存在一定的不确定性，需要深入地研究。这就涉及对出版主体的差异进行分析。为方便分析起见，这里把出版主体简化为只出纸质书的传统出版社和只出电子书的数字出版企业。

从现代经济学的角度看，传统出版社与数字出版企业的差异性主要体现在生产成本以及由此而产生的经营理念上，这种差异决定了二者在未来图书市场中的地位。

就经营理念而言，传统出版社与数字出版企业之间的差异体现了“传统思维”和“互联网思维”的差异。从经营的出发点来看，传统出版社和数字出版企业的目标均是实现自身利润的最大化。传统出版社倾向于长期、持续且稳定的市场利润，依托图书出版数量的持续扩大而获取稳定收益。数字出版企业倾向于未来的利润以及随之而来的衍生利润，其在近期和远期的关注点存在差别，表现为近期关注的是市场份额的扩大，而非市场利润，试图依托未来较高的市场占有率来获取利润，并获取从图书市场中衍生出来的利润，诸如版权经营收入、个性化服务收入等。从经营的策略来看，传统出版社和数字出版企业的不同目标导致了两者不同的经营策略，尤其体现在近期的经营策略上。由于传统出版社关注于持续的利润，其经营的策略在于掌握“内容”这一核心，不断提高图书品质，形成品牌，提升其在市场中的知名度，进而获取稳定的利润。数字出版企业关注于远期的利润，其策略是做大“平台”这一载体，在风险投资等的支持下，依托免费提供等经营策略吸引用户，进而形成规模优势产生集聚效应，快速提高其市场的占有率，而后通过增加服务、特色等附加价值获取高额利润。

就生产成本而言，传统出版社与数字出版企业有着不同的成本结构以及成本变化趋势。从静态的角度看，两者成本的结构、组成要素等在前期、中期和后期存在明显差异。两者的前期固定成本有相似之处却不完全相同。传统出版社和数字出版企业均需要购置设计工具、计算机和其他办公专用设备，但后者除此之外，还需要配备建立在现代通信技术基础上的信息系统和相应的硬件设备，这方面的成本要远远高于那些办公设备。两者的中期制作成本的结构存在很大不同。传统出版社的制作成本除了人工成本、资产折旧外，还需要购买相应的纸张，支付印刷费用。数字出版企业的制作成本主要是人工成本和资产折旧，再加上一小部分存储成本。两者的后期销售成本的组成要素差异明显。虽然传统出版社和数字出版企业都有相应的宣传、推广等成本，但数字出版企业主要是在网络上进行宣传推广，因此这部分成本较之传统出版社要小。此外，传统出版社支付给地面书店和网络书店的发行费用大约是图书定价的40%，而数字出版企业支付给数字平台的发行费用则要小得多。更为不同的是，传统出版社还需承担高额图书退货成本、库存成本、仓储成本等，而数字出版企业则不存在这些成本。需要指出的是，在这一阶段，两者有一点是相同的，在实行版税制的情况下，都要根据销售的数量，按图书定价的一定比例向作者支付版税；在实行固定稿酬制的情况下，一次性向作者支付稿费。

从动态的角度来看，传统出版社与数字出版企业的边际成本（扣除版税后）“一固一零”，差异明显。传统出版社生产的是纸质书，多生产一本书的成本包括印刷成本、纸张成本、装订成本等，趋于一个固定值。数字出版企业生产的是电子书，电子书复制的成本几乎为零，只有少许如加密、编号等近乎可以忽略不计的成本。

综上所述，在不影响结论的前提下进行简化分析：对于传统出版社而言，其生产纸质书的平均成本随着销售数量的增加而逐渐下降，但边际成本是一个大于零的固定值 C_1；对于数字出版企业而言，其生产电子书的平均成本也随着销售数量的增加而逐渐下降，但边际成本趋向于零值。

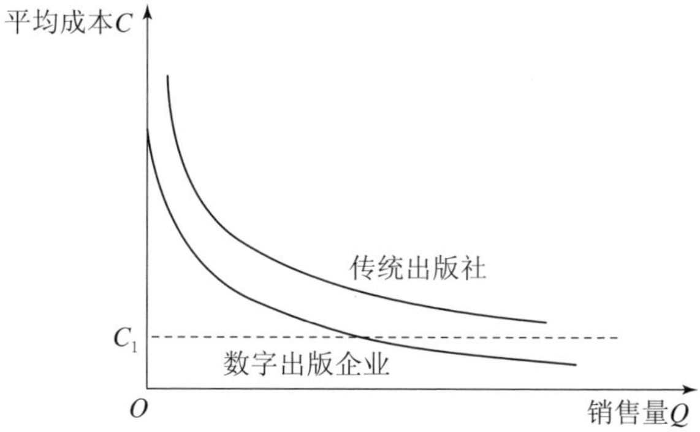

图 5　传统出版社与数字出版企业的成本变化趋势

3　经济学模型分析

为了深入分析传统出版社与数字出版企业之间的竞争

及各自的收益变化情况，这里我们引入经济学理论中的供给需求模型、边际替代率、价格弹性等分析工具进行研究。研究结果显示：在电子书对纸质书存在替代性的现实条件下，受电子书和纸质书边际成本差异的影响，传统出版社很难与数字出版企业竞争，如果二者同质，则传统出版社将退出市场。

3.1 基本的图书供给需求模型

在数字网络环境下，假定纸质书的需求曲线 D_1 与电子书的需求曲线 D_2 相同（假设条件 1），即 D_1 和 D_2 重合，曲线函数为 $Q = a - bP$。结合前面分析两类主体的成本得到的结论，假定纸质书的边际成本为固定值（假设条件 2），其边际成本曲线为 C_1 线；假定电子书的边际成本为 0（假设条件 3），其边际成本线 C_2 与横轴重合，见图 6。

为了实现利益最大化目标，传统出版社和数字出版企业的均衡点分别为点 A^* 和点 B^*。

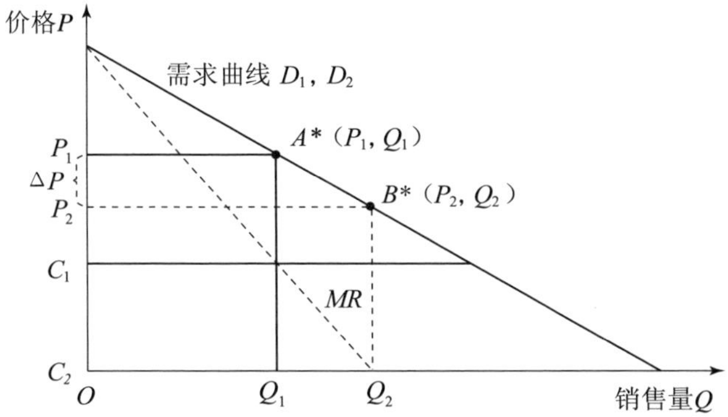

图 6　基本的图书供给需求模型

（1）对于传统出版社而言，其收益函数为：

$$\Pi_1 = (P - C)Q = (P - C_1)(a - bP)$$
$$= -bP^2 + (a + C_1 b)P - aC_1$$

为了获得最大收益，$\partial\Pi_1/\partial P = -2bP + a + C_1 b = 0$，于是，得到：

$$P_1 = (a + C_1 b)/2b$$

$$Q_1 = a - b[(a + C_1 b)/2b] = a - (a + C_1 b)/2$$
$$= (a - C_1 b)/2$$

（2）对于数字出版企业而言，其收益函数为：

$$\Pi_2=(P-C)Q=(P-0)(a-bP)=-bP^2+aP$$

为了获得最大收益，$\partial\Pi_2/\partial P=-2bP+a=0$，于是，得到：

$$P_2=a/2b$$

$$Q_2=a-b(a/2b)=a-a/2=a/2$$

比较 P_1 和 P_2，可以发现：$\Delta P=P_1-P_2=C_1/2>0$，即纸质书的均衡价格大于电子书的均衡价格。比较 Q_1 和 Q_2，可以发现：$\Delta Q=Q_1-Q_2=-C_1b/2<0$，即纸质书的均衡销量小于电子书的均衡销量。

3.2　电子书的边际替代率与价格弹性

1. 电子书与纸质书的边际替代率。

事实上，电子书与纸质书之间存在着很高的替代性，当电子书价格下降到一定程度，读者会放弃购买纸质书，转而购买电子书。它们之间的边际替代率 λ 为一常数。对于同一本书而言，虽然有一些特殊读者既购买纸质书，又购买电子书，但是绝大多数读者或者购买 1 本纸质书，或者购买 1 本电子书，总体来看，电子书对纸质书的替代率接近于 1。因此，可以假定电子书对纸质书的替代率 $\lambda = 1$（假设条件 4），即读者每增加购买 1 本电子书，则减少购买 1 本纸质书。

2. 电子书的需求价格弹性及影响。

在电子书的边际成本为 0 的情况下，数字出版企业可以自由地确定电子书的销售价格。假定，电子书的价格弹性为 γ，即电子书价格每下降 1 个单位（元），则有读者会增加购买电子书 γ 本。与此同时，由于电子书对纸质书的边际替代率为 1，部分购买纸质书的读者也会放弃购买纸质书，转而购买电子书，则纸质书销量也将减少 γ 本。

3.3 对基本的图书供给需求模型的拓展

接下来，我们将读者纳入到基本的图书供给需求模型中来。在这个模型中，读者可以在电子书和纸质书之间自由选择。根据前面的分析结论，由于两类书具有替代性，一类图书销售数量的增加会引起另一类图书销售数量发生相同数量的减少。

以电子书价格调整为例，电子书价格下降会同时引起电子书销售数量上升和纸质书销售数量下降的反向变化。当数字出版企业将电子书的价格从 P_2 下调到 P_3 时，电子书的销售数量将从 Q_2 增加到 Q_5，同时，电子书价格下降会吸引一部分纸质书读者转而购买电子书，引起电子书的需求曲线向右移动，推动电子书的销售数量从 Q_5 增加到 Q_3，均衡点由 B^* 移动到 B^{**}。由于纸质书对电子书的边际替代率为 1，因此 $\Delta Q_1 = \Delta Q_2$。电子书价格下降引起电子书销售数量上升，其替代效应导致纸质书需求曲线向左移动，引起销售数量下降。在纸质书价格不变的情况下，纸质书销售数量从 Q_1 下降到 Q_4，均衡点由 A^* 移动到 A^{**}，见图 7。反之亦然。

由此，我们可以得出如下结论：在电子书和纸质书之间，一方销售价格的调整会引起自身销售数量双倍反向变

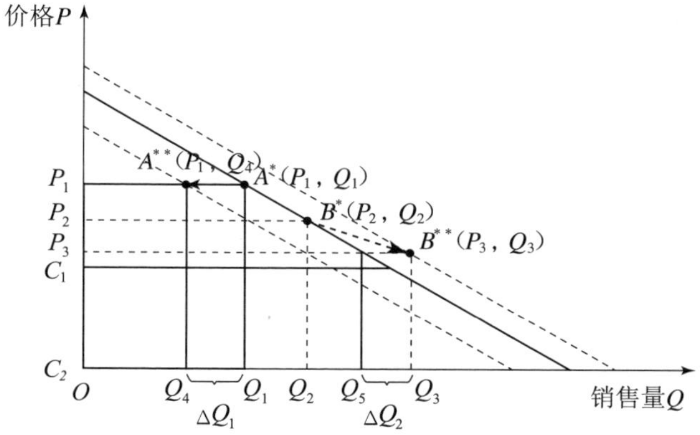

图 7 拓展后的图书供给需求模型

化，导致对方图书销售数量单倍同向变化。数字出版企业降低电子书价格，不仅会引起电子书销售数量的提高，而且会吸引一部分纸质书读者调整选择对象，转而购买电子书，进而引起电子书销售数量双倍反向变化，同时，纸质书销售数量也因电子书价格降低受到影响，发生单倍同向变化。反过来，传统出版社降低纸质书价格，也会引起纸质书销售数量发生双倍反向变化和电子书销售数量发生单倍同向变化。对于传统出版社和数字出版企业而言，提高图书销售价格不仅会引起自身图书销售数量减少，还会由于存在的替代效应导致自身图书销售数量双倍减少，而另一方图书销售数量则会单倍增加。

传统出版社之所以在竞争中被动地处于相对弱势地位，根本原因在于两者的边际成本不同。虽然电子书和纸质书均可通过降低销售价格获取更大的市场份额，并且增加销售利润，但是两者不同的边际成本导致传统出版社和数字出版企业处于不同的竞争地位。传统出版社由于边际成本为固定值，其销售价格无法下调到 C_1 以下，而数字出版企业可以在 0 以上的范围自由调整，从而实现市场份额的扩大和销售利润的增长。因此，受图书边际成本不同的影响，传统出版社无法与数字出版企业竞争，在市场竞争中被动地处于相对弱势的地位。边际成本的差异为数字出版企业制定并实施基于互联网思维的经营策略创造了有利条件。正如前文所述，数字出版企业更关注于远期利润，其在近期的目标是扩大市场份额，于是通过折扣、免费等远低于成本销售的方式争夺图书市场，这与传统出版社“薄利多销”的经营策略存在本质差别，呈现给传统出版社难以理解的“烧钱”、“市场价格一片混乱”等现象。从本质来看，数字出版企业此时的“烧钱”和“亏本”正是为了将来占据市场寡头地位后的高额利润。

从目前情况来看，网上书店正在大范围取代地面书店，电子书所占图书市场的比例也在不断提高，数字出版企业逐渐崛起并开始与传统出版社同台博弈，等等，这些趋势已很难逆转。国际调研公司 Bains & Company Inc. 预测，到 2015 年，各种电子阅读终端的全球普及率将达到 15%—20%，届时，15%—25%的图书销售将以电子书的形式销售。[1] 全球出版业正在发生的这场势不可挡的数字革命要求传统出版社加快与数字出版的融合，尽快完成基于数字化的转型升级。

1 吴信训、吴小坤：《2011 年中国电子书产业发展报告》，载吴信训主编：《世界传媒产业评论》（第 9 辑），中国国际广播出版社 2012 年版，第 89—102 页。

传统出版社转型发展的方向或路径

近十年全球出版业的发展显示，随着数字技术迅猛发展，网络快速普及，电子书对纸质书的替代效应开始显现[1]，但是，这并不意味着印刷时代的终结，电子书还远未到全面取代纸质书的时候。如前所述，即便在电子书快速发展的美国，在大众图书市场上，电子书的市场占有率也不过在25%左右，纸质书则占到75%左右。我们还观察到，最近两三年美国电子书与纸质书的这一比例基本上没有太大的变化。全球出版业处于纸质与电子、印刷与数字

1 参见后文附录“电子书对纸质书的替代效应”。

共生的过渡期。这会是一个相当长的阶段。

由此看来，电子书与纸质书之间会存在一个均衡点。对读者而言，纸质书价格较高，但可以直接阅读；电子书比较便宜，但需要购买一个电子书阅读器。当读者阅读的图书数量较多时，购买电子书阅读器阅读电子书比较合算，当读者阅读的图书数量较少时，购买纸质书阅读比较合算，进而产生一个临界值，形成两类读者群。但是随着电子书阅读器、平板电脑、智能手机等数字阅读载体的丰富和显示技术的提升，这一均衡点有向纸质书移动的倾向。这意味着，纸质书的销量有逐渐缩小的趋势。

图 8　纸质书与电子书之间的均衡点

目前，对同一作者群而言，电子书与纸质书之间、数字出版企业与传统出版社之间的关系仍然是“竞争”大于“合作”。从出版企业的角度看，数字出版企业与传统出版社之间的竞争聚焦于读者市场和作者市场，不仅体现为对市场份额的竞争，而且体现为对优质图书资源的竞争，更关键的是体现在对图书出版市场中市场地位的竞争上。

在数字网络环境下，“是否参与电子书”最初对于传统出版社来说是一个十分矛盾的选择。[1] 一方面，传统出版社希望积极开拓发展电子书业务，在发展传统业务的同时，在电子书市场占有一定的市场份额，提升自己在出版市场中的地位。另一方面，传统出版社又难以估量电子书对纸质书的替代效应，担心电子书会损害自己本来拥有的传统利益，甚至威胁到自己对图书市场的控制力。但是，随着网上书店、数字出版企业、电子书、网上阅读等的快速发展，传统出版社越来越多地感受到来自数字出版的外部威胁，意识到向数字出版的转型发展已是大势所趋，势在必行。一方面，传统出版社拥有的市场势力越来越弱。传统出版社已经在逐渐丧失对出版市场的控制力和引导力，比如，传统出版社在与网上书店谈判时一定程度上丧失了图

1 参见后文附录“传统出版社面对电子书的矛盾选择”。

书的定价权和主导权，处于较为弱势的地位。另一方面，传统出版社的市场份额正在缩小。电子书对纸质书的替代效应开始显现，越来越多的读者加入了阅读电子书的行列。还有一个现象值得特别重视，那就是，随着数字网络技术的发展和网络基础公共设施的完善，电子书迟早是要进入中小学教材市场这一传统出版社长期固守的领域。比如，在中国，北京、上海、江苏、广东等地部分中小学校已在开展电子教学的试点，尝试采用电子书教材。教材市场对于传统出版社的意义不言而喻，而电子书对教材市场的突破将倒逼传统出版社向数字化的转型升级。

面对日趋严峻的外部环境，一些传统出版社开始积极应对网络数字技术引发的一系列挑战。综合来看，目前，

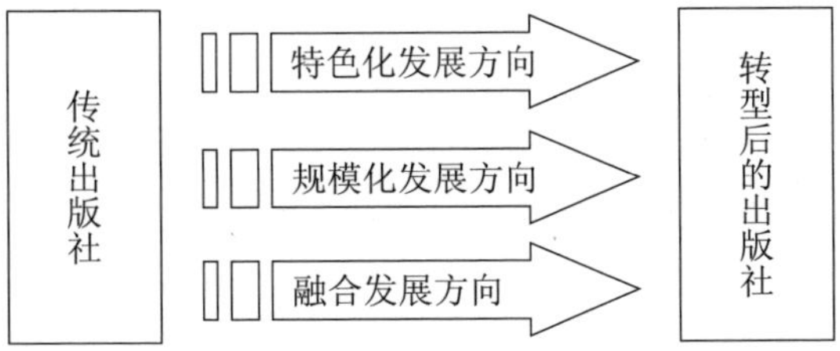

图 9　传统出版社转型发展的可能方向

可供传统出版社转型发展的方向主要有三种，见图 9。

1　特色化发展方向

特色化发展方向是单体传统出版社，尤其是中小型传统出版社转型发展的有效路径。目前，全球不少传统出版社正在依托自身特色探寻转型发展道路。就中国来看，中信出版社财经图书特色比较明显，中华书局、上海古籍出版社在传统古籍的整理出版上有特色，上海译文出版社在外国文学的翻译出版上质量占优，商务印书馆具有工具书出版的优势，等等。在数字网络背景下，具有特色优势的传统出版社有条件依靠自身的特色资源和品牌声誉，以“特色化”主线贯穿转型发展始末，同时，利用先进的数字技术和网络技术，构建多种形式的内容资源体系，提供多元化的图书产品序列，拓展虚实互补的销售渠道，争取特色化、现代化、多元化发展。上述几家出版社都根据自身的优势，不同程度地在进行向数字化的转型升级，中信出版社做得尤其要好。

特色化发展方向具有明显的优点。传统出版社可以通过自身的差异化优势，在社科书、文艺书、少儿书、科技书等不同的细分市场中形成品牌，逐步实现传统出版与数字出版的融合，努力成为细分市场的主导者，通过整合优质资源、创新设计、个性化服务等实行产量控制和差异化定价，获取远远高于一般图书的市场利润。比如，一些科技类的专业出版社可以在专业书方面实现突破，塑造自身的专业优势和品牌，满足高端专业人士的特殊需求，并通过价格差异获取超额利润。牛津大学出版社等一些海外专业出版公司都是这样做的。

当然，特色化发展方向也存在一定的难度。目前市场上存在着大量的出版主体，资源要素快速流动，数据信息大量共享，传统中小出版社难以获得持续且独占的专业资源，因此形成自身特色需要克服种种困难。同时，由于市场空间有限，中小出版社抵御外部环境冲击的能力又较弱，因此，它们向数字化的转型需要借助于外部的大平台，而且会是一个艰难的过程。

2 规模化发展方向

规模化发展方向是大型传统出版企业，主要是传统出版集团转型发展的重要路径。在工业化时代，规模化的发展能充分发挥大型出版集团的优势，通过资源整合优化，降低出版成本，提升出版业务的价值，提高市场竞争能力和市场影响力。而数字化时代的开启，规模化发展又赋予了转型升级的意义。最近十多年，全球出版业收购兼并浪潮一波接着一波。这些收购兼并活动，无论是出版集团间的合并，还是出版集团收购相关出版业务，抑或出版集团收购 IT 企业，其实质都是大型传统出版企业适应出版数字化时代到来所作出的战略调整。2008 年，约翰 · 威立出版集团与布莱克 · 威尔出版集团的合并，就是适应数字化转型，建立新的商业模式和新的业务的成功尝试。而 2013 年培生集团和贝塔斯曼集团宣布合并旗下的出版公司企鹅出版社与兰登书屋，也是着力于下一步数字出版业务的新布局。

在数字网络背景下，出版业传统的“边际成本递减”将被“零边际成本”替代，一旦电子书突破关键瓶颈技术，比如终端设备成本、屏幕显示技术等，电子书相对纸质书的成本优势将被无限放大，导致图书市场的大变局。如果传统出版社不能认清数字网络背景下出版业的发展方向，不能顺应数字网络时代的发展趋势，仍以传统思维、传统模式推动出版社朝着规模化方向发展，那么规模化发展这一方向也许只能延缓传统出版社的衰落进程，却无法逆转传统出版社衰落的趋势。这是今天中国出版业集团化建设所要解决的问题。为此，传统出版社在实施规模化发展战略时，要采取“纸质书”和“电子书”双轮驱动，注重发挥海量、成体系内容的规模优势，而非图书产品生产制作的规模优势。

还需要注意的是，在实施规模化发展时要避免出现市场战略失误风险。在数字网络环境下，读者消费习惯正在发生迅速变化，出版市场瞬息万变，大型企业可能因为对市场的判断失误导致规模优势沦落为规模成本，进而被市场淘汰。“汉王”等电子阅读器的折载便是先例。规模化发展方向不在于仅仅依靠原有的规模优势，来降低成本、获取利润，其核心在于利用自身原有的规模基础，紧紧把握和顺应出版行业发展的大趋势，采取规模化、现代化、灵活化的发展策略，实现整体转型发展。

3 融合发展方向

在数字网络环境下，一些传统出版社开始探索基于数字化、网络化的新的转型路径，其基本特征是混合经营发展，实现传统出版与数字出版的融合。这种混合经营发展目前主要表现在以下三个环节。

一是出版业务混合。同一内容在不同出版物或载体上发布，以实现价值增值，一直是出版人的追求。不同业务的混合，由于技术的限制，在前数字化时代较难实现，这是内容产业在过去分为报纸、期刊、图书、唱片、广播、电影、电视等众多行业和部门的原因之一。但是数字技术不仅使这些传统行业的融合成为可能，而且还产生了网络、阅读器、电子词典、手机、平板电脑等新的载体，进而使得内容资源的潜力不断增大，边界史无前例地放大。另一方面，在数字网络时代，读者的阅读习惯也在发生转变，呈现出多元化、短平快、个性化等特征，这也对出版业务的混合经营创造出新的需求。混合经营发展要求传统出版社基于内容资源，搭建数字编辑平台，在图书出版的基础上，整合相关业务，特别是拓展新媒体业务领域，实现转型升级。

二是图书出版形式混合。美国等发达国家的经验表明，电子书在数字网络时代的快速发展已是必然趋势。中国网民规模世界第一，2014 年底已达 6.18 亿人，互联网普及率为 45.8%，因此，电子书在中国的快速发展只是时间问题。混合经营发展要求传统出版社抛弃短期利益约束，着眼未来发展，认真做好纸质图书电子复合出版、编辑出版流程再造、数字平台搭建、数据库建设等基础性工作，在同时出版纸质书和电子书的业务模式下寻求新的利润增长点。

三是销售渠道混合。进入21世纪以来，全球出版业的一个重大变局就是互联网网上书店的崛起和地面书店的衰弱。以中国为例，2014年，当当、亚马逊、京东三大网店的图书零售额已占到全国图书零售市场总额的35%左右。因此，开展地面书店和网上书店两类销售渠道的整合，做好纸质图书的销售，早已成为传统出版社的共识和努力目标。需要重视和讨论的是传统出版社如何培育和整合电子书的销售平台和网络，这是中国传统出版社转型发展中必须解决的瓶颈问题。

总之，融合发展是多样化、多层次、多环节、全覆盖的深度融合，它要求传统出版社在内容、渠道、平台、经验、管理等方面拥抱数字出版，打破传统出版与数字出版在内容生产、销售方面分割分离的现状，以全媒体的编辑平台为牵引，再造编辑流程，探索适应数字网络环境的新的传播和表达模式，探索新的组织结构和运行机制，并让融合的思维落实到每个部门，实现全员融合。当然，融合发展对于传统出版社而言，最初可能是“＋互联网”的概念，即我们在做好传统出版业务的同时，开拓数字出版等新的业务领域。但是，融合发展的目标是要过渡到“互联网＋”[1]的概念，这意味着传统出版社的品牌、理念、团队以及各种生产要素要从“纸”的载体向数字网络平台转移，充分利用高速度的移动通信网络，大数据的存储、挖掘、分析能力和智能感应能力，形成全新的业务体系、商业模式和产品。只有到这一步，才可以说真正完成了融合发展。

上述三个转型方向，各有其优点，也有其需要解决的问题。我们用表 1 来加以说明。总体而言，特色化发展方向比较适合当前单体出版社，尤其是中小出版社转型；规模化发展方向满足了大型传统出版集团转型的阶段性需要；融合发展方向则是数字网络时代传统出版社的根本转型路径。在全面深化改革的大背景下，随着一些具有制约性的

1 “互联网＋”是指，以互联网平台为基础，运用信息通信技术与各行各业的跨界融合。这里的互联网指的是智能互联网，因为只有在这种生态下，万物才能互联。

政策瓶颈逐渐被打破，大型出版集团和出版社开始实施跨区域、跨行业兼并重组，传统出版与数字出版融合发展方向将会成为这些企业转型的主流方向。

表 1　三种转型方向的优势与劣势

优点与缺点 / 发展方向	优　　点	缺　　点
特色化发展方向	① 能够获得竞争优势 ② 自主控制类型和产量 ③ 可获得超额利润	① 图书受众较少 ② 市场空间有限
规模化发展方向	① 能够扩大市场影响力 ② 提升对市场的主导权 ③ 可以降低成本	① 无法逆转市场发展趋势 ② 容易造成巨额亏损
融合发展方向	① 适应市场和科技发展趋势 ② 资源利用效率更高 ③ 边际成本趋于不断下降 ④ 有利于拓展新的业务领域	① 企业经营管理要求更高 ② 对资金和人才的需求较大

中国传统出版社转型发展的思考和建议

随着中国出版业数字化、网络化、信息化进程的加快，特别是智能互联网时代和“新硬件时代”[1]的到来，传统出版与数字出版的融合蓄势待发，新的商业模式层出不穷，并日趋成熟。尽管今后十到二十年在很大程度上还是一个传统出版向数字出版转型融合的过渡期，但却为传统出版社带来新的增长机遇，提供相当可观的增长潜力。问题在于传统出版社如何通过向数字出版转型发展把这一块潜在

1 参见谷来丰：《硅谷归来：中国在“互联网夹”，美国已进入“新硬件时代”》，《交大海外》微信公众号，2015 年 5 月 6 日。

增长转化为现实增长。本章就中国传统出版社的融合发展、转型升级作点初步的探讨。

1　转型发展的关键：从图书市场转到阅读市场

中国出版业数字化、网络化、信息化的进程，至少已经有十五年的历史了。这十五年来，传统出版社在数字技术、数字业务流程、数字产品、数字平台等方面做了大量尝试，在技术的层面，已经具备了同时向读者提供纸质版内容和数字版内容的能力，在商业模式层面，也围绕电子书、电子词典等产品，形成了初步盈利的方式。但这并不意味着已经实现了传统出版与数字出版的融合、完成了转型升级。因为传统出版社关注的重点仍然是图书市场（无论是纸质书，还是电子书，均属于图书的范畴），新的数字网络业务还是作为传统图书出版业务的附属物而存在的。传统出版社过去鲜有阅读市场的理念，而只有把图书市场的边界扩展到阅读市场时，才有可能真正开启数字融合的征程，并逐步完成产业的转型升级。当传统出版社有了阅读市场的理念和眼界后，数字化、网络化、信息化带来的新的介质、媒体、平台，刹那间都从挑战变成了机遇，网络、手机、视频、游戏、微信等等，从阅读的角度看，都有可能是传统出版社驰骋的战场和舞台。

2　转型发展的核心：内容创新和内容提供

当传统出版社的视野仍然停留在图书市场时，其仅仅是内容生产的一个环节；而当传统出版社把视野扩展到阅读市场时，情况就完全不同了，其有可能成为整个产业的主导者。但是这要求传统出版社的角色发生一个根本的转变，即从单纯的内容生产者转变为内容生产的组织者和版权的拥有者。在未来的数字化、网络化、信息化社会，谁拥有成体系、规模化、大数据、高质量的内容，谁就有可能抓住发展的机遇，赢得未来的发展。事实上，今天的全球出版业，在专业出版领域，数据库出版已逐渐成为主流的出版模式；在教育出版领域，依托于数据库的电子教学方式已经在相当多的中小学开始试验，并成为未来教育改革的重要方向，在大众出版领域，一般电了书和原生电子书正在迅速地成长。这一切离开了内容创新和内容提供均无可能，它意味着出版者如果不能成为内容生产的组织者、主导者并拥有这些内容，在未来的数字化时代，是无法有所作为的，出局也是必然的。[1] 传统出版社的竞争优势在于，历史和传统使其在内容创新和版权拥有方面有深厚的积淀，这是一个不断累积叠加的过程，不可能一蹴而就。可喜的是，传统出版社在这十多年的市场经济的大潮中也没有中断这一进程，一直在持续不断地努力。以上海世纪出版集团为例，《辞海》《汉语大词典》《英汉大词典》《十万个为什么》等一些老的品牌不断得到维护，《中华文化通史》《中国

1 中国视频网站之间白热化程度的竞争，从另一个方面告诉我们互联网时代内容拥有的重要性。腾讯、爱奇艺、优酷等视频网站动辄数以亿元计的烧钱举措，都是围绕着购买“人有我有、人无我有”的内容展开的。

通史》《话说中国》《当代经济学系列丛书》等一大批新的品牌不断涌现。更重要的是，他们还在努力构建各个重要学科的知识体系，为新一代的读者提供相对完整的知识谱系。不过，时代还要求传统出版社更向前迈进一步。随着大数据和云计算技术的成熟，一个市场潜力巨大的数据服务[1]领域开始形成，如何围绕着人的全面发展，在提供标准化图书的同时，提供个性化的知识（数据）服务，是传统出版社未来发展的重要领域，需要认真地加以研究和规划。

3 转型发展的策略：版权经营和价值链延伸

当传统出版社把未来的市场定位为阅读市场，又拥有了大量的成体系的品牌性内容后，转型升级的策略，可以

---

1 目前人们在讨论数据服务时，一般讲的都是商业和金融数据服务，涉及用户数据、交易数据、支付数据、物流数据等，这些对于出版业的发展当然也是重要的，但我认为对出版社而言，更为关键的是内容数据服务。

围绕版权经营和价值链延伸两个方面展开：

第一，围绕版权经营进行产业布局。就出版业而言，数字网络时代的核心竞争力是拥有更多的版权，传统出版社作为内容提供者，应当树立版权经营的理念，并将之作为基本的发展战略来实施。在这方面，网络出版企业——盛大文学提供了一个较为成功的案例。通俗文学作家何常在前不久出版的小说《交手》，围绕着盛大文学的种种故事，告诉我们一个道理，互联网时代，文学网站成功的秘密在于经营版权。2014 年 7 月，在上海举办的中国国际数码互动娱乐展览会（ChinaJoy）期间，盛大文学的四部网络小说卖出的视频、游戏改编权收入高达 1600 万元。2015 年 3 月，腾讯文学完成了对盛大文学的收购合并，成立了新的阅文集团，宣称要在网络文学的基础上，覆盖数字图书的软硬件，形成更完备的产业链。据悉，此次收购中，腾讯用了 40 亿元收购陈天桥拥有的盛大文学的股份。在经历了大规模的集体辞职事件后，盛大文学的估值之所以还能如此之高，原因就在于盛大文学现有的 160 万写手中，有几十位大神级写手，他们拥有无数的粉丝，构成了一个巨大的市场，而盛大文学握有这些大神级写手的全部版权。实际上，出版行业的版权概念远远比目前实际运用的要宽泛得多，传统出版社不能像过去那样，仅仅局限于图书版权的概念，满足于输出各种文字的版权，而要把它运作到电影、电视、游戏乃至网络、手机、视频等各个方面，以创造更多的价值。如果传统出版社能真正经营好版权，在未来的智能互联网时代，可实现的经济价值相比以往将成倍增长。

第二，从出版主业出发，依托品牌性内容产品，围绕生产各个环节，延伸产业价值链。今天产业的发展已逐步进入“互联网＋”时代，互联网与传统各行各业的融合，赋予后者以新的力量，推动这些产业走向创新和优化，打破信息不对称造成的壁垒，从而形成更多低成本、开放创新、公开透明、精准个性化定制的新型产业和服务。就出版产业而言，未来的发展战略，应该是依托现有生产各个环节的品牌性资源，通过拥抱“互联网＋”和未来的物联网体系，在艺术品经营、会展业务、医疗服务、在线教育、商业服务、按需印刷、第三方物流等相关相近业务方面拓展价值链，以获得更多的收入。上海世纪出版集团就此已经开展了一些工作。比如会展业务，依托《理财周刊》的品牌，每年在上海和其他城市举办理财博览会，收入颇丰。2014 年的上海理财博览会吸引了近 300 家各类金融机构入场，甚至出现了金融机构排队要求进场设摊的情况，以至上海展览中心 3 万多平方米的展览面积不够用，只能在中央广场露天搭棚以满足金融机构需要。而市民入场的热情更是高涨，日均人流量甚至比上海书展还高。又如医疗服务，上海科技出版社拟依托《大众医学》的品牌、医学读物数据库和一流的医学专家队伍，搭建数字化新型医疗服务平台，同时利用上海各大医院的网络空间和设施向排队候诊的病患提供医学知识和就诊服务。再如商业服务，《世界时装之苑》最近上线的 ELLE SHOP 引人注目。其商业模式的核心是媒体品牌、内容资源与互联网技术、电子商务平台经营服务的融合，传统的读者通过网络完成由新媒体读者向在线购物者的转变。由此，媒体营收模式由内容收入模式开始，经由广告经营模式、新媒体经营模式，发展到现在的销售实现佣金模式，媒体商业价值实现方式日益多元化。至于在线教育，上海世纪出版集团与教育行政部门合作，已在上海市十多所中小学开展在线互动课堂实践，建立了名师教案、各类题库、测试系统等多种服务业务。

4　转型发展的保障：技术进步和市场环境改善

产业的转型升级从来都是建立在技术进步的基础上的。对于中国出版业而言，利用数字技术和互联网技术升级传统出版社的内容资源，改造编辑、制作、出版、营销流程，搭建基于互联网的各类功能性业务平台，整合内容资源建设各类大型数据库，建成完善的CMS等都是必须完成的功课。最近十多年来，传统出版社程度不同地在这方面开展了一些工作，也取得了不少进展。但总体来说，数字网络技术的应用仍然是传统出版社转型升级的瓶颈。比如说，如何在出版流程中形成一个通用的数字文档，使其在满足纸质图书出版的同时满足各种数字媒介的需求，这样一个技术含量不算太高的问题，因涉及传统出版社的流程再造，至今还未得以真正解决。更为薄弱之处还在于，传统出版社仍不善于在使用新技术的过程中发现互联网带给出版业的新需求和新机遇。事实上，所有成功的互联网企业，包括阿里巴巴、腾讯、百度等，都是因为在使用新技术的同时，发现了新的需求，并通过更新的技术使之加以实现而迅速发展起来的。解决技术进步问题，是传统出版社无法绕过的坎。

至于市场环境的改善则必须依靠有为的政府来实现。经济学家一般都认为，在产业转型阶段，市场失灵的现象相当普遍，需要政府发挥积极有为的作用。中国出版业在向数字化转型的过程中有一系列的问题，需要政府制订相应的政策、采取有效的措施加以解决。以电子书市场为例：（1）一些企业既无视其社会责任，也不顾自身并不具备电子书的编辑、加工、发布能力，以牟利为唯一追求，不加选择地传播低质量的产品，造成电子书内容质量鱼龙混杂，良莠不齐。（2）有的企业或非法盗用他人的内容资源，或在网络平台建立共享空间，利用“避风港”原则，涉嫌侵犯知识产权。在互联网时代，如果没有很好的版权保护制度和执法力度，盗版侵权不断，版权经营从何谈起。（3）尽管千呼万唤，但全国统一的电子书技术标准始终未能出台，以致一本纸质书转码成电子书后，想在多个平台上亮相，需要不同的版本，其中浪费的资源和成本令人吃惊。（4）一个新的产业的形成和发展必须建立合理的利益分配机制，以保证产业链的顺畅运行。目前中国的电子书产业，内容提供企业、技术开发企业、渠道运营企业之间存在着激烈的商业博弈，如何设计合理的利益机制，建立规范有效的市场规则，调动每一个市场主体的积极性和能动性，是保证这个产业链顺畅运行的关键。（5）由于目前电子书产业内容持有者相对分散、技术开发存在壁垒、销售渠道被垄断，致使数字出版的每一个环节都存在效率低、费用高、风险大的特点。因此，依托于大数据，运用云计算的技术，面对所有的内容提供企业、销售企业和读者建立第三方的公共平台，实现数字内容的集成和公平交易非常重要。诸如此类的问题，说明没有公平竞争的市场环境，没有完整有效的互联网基础设施，没有健全的公共服务，新的业务形态和商业模式的形成是非常缓慢和艰难的。因此，政府如何转变职能，减少审批和对企业经营活动的干预，把重点放在建立一个强大的市场体系，并提供相应的基础设施和公共服务上，是当前出版改革的一项重要任务。

附　录

1　网上书店对地面书店和传统出版社的影响

1.1　读者购书方式的选择

网上书店为读者提供了新的购书方式，增加了可供读者选择的购书渠道。读者选择购书方式的依据是购书获得的效用。若购买图书带来的效用不为负，则选择购买，否则选择不购买。同时，在读者群体中，只有一定比例的读者有条件在网上书店买书，另一部分读者受一些条件约束无法在网上书店买书。当读者既可以选择电子商务方式又可以选择地面书店方式购书时，选择效用大的一种购书方式。

读者购书的效用受到多种因素影响。一方面，图书对于读者有一定的价值，但对不同的读者而言，图书价值的大小并不相同。另一方面，读者购买图书需要支付一定的成本，成本分为直接成本和额外成本。直接成本是指图书的价格，是图书定价减去图书定价与图书折扣率的乘积。额外成本与购书方式有关，从网上书店买书的额外成本包括上网费用、图书运输费用、注册时间、搜寻时间、等待时间等，到地面书店买书的额外成本包括购书时所耗费的时间、精力、体力、交通费用等。

1.2　相同折扣率下的图书市场销售渠道的读者购书费用比较

纸质图书是典型的标准化商品，就同一种书而言，从网上书店购买的与从地面书店购买的并无差别，而且相同的书还来自同一家出版社。当图书折扣率相同时，地面书店的图书销售价格与网上书店的图书销售价格相同，读者购书的直接成本相同。影响读者选择购买方式的主要因素就是额外费用和额外时间，包括上网费用、交通费用、交通时间、等待时间等。

（1）读者购书的额外费用。

额外费用是指买书过程中除支付图书价格之外还需要的费用，包括物流费用、交通费用和上网费用。在网上书店买书的额外费用有物流费用 K 和上网费用 C_o，在地面书店买书的额外费用有交通费用 C_t，见表 2。

表 2　读者在不同类型书店买书的额外费用比较

书店类型	交通费用	物流费用	上网费用
网上书店	—	K	C_o
地面书店	C_t	—	—

按照现有网上书店的收费标准，在网上书店买满 L 元的书则免物流费用，而低于 L 元则将加收 K 元的运费，因此，对于购书花费少于 L 元的读者而言，除上网费用 C_o 外，买书还需要承担 K 元的额外费用，而对于购书花费大于或等于 L 元的读者而言，购书的额外费用只有上网费用 C_o。按照现有电信政策，上网费用 C_o 可以按流量收费，也可包月收费。对于采取按流量收费上网的读者而言，买书

的上网费用为 C_o，而对于平时习惯上网，按包月收费上网的读者而言，买书的上网费用几乎为零，这也是长期上网的读者习惯于在网上买书的原因之一。

（2）读者购书的额外时间。

同时，购书所需的额外时间也是影响读者购买行为的重要因素，主要包括交通时间、注册时间、搜寻时间和等待时间等。在网上书店买书的时间有注册时间 T_r、搜寻时间 C_{se} 和等待时间 T_w，而地面书店所需的时间有交通时间 T_t 和搜寻时间 C_{sg}，见表 3。

表 3　读者在不同类型书店买书的时间比较

书店类型	交通时间	注册时间	搜寻时间	等待时间
网上书店	—	T_r	C_{se}	T_w
地面书店	T_t	—	C_{sg}	—

在网上书店买书时需要的注册时间 T_r 是一次性的，而在地面书店买书需要的交通时间 T_t 却是反复的；长期来看，网上书店的注册时间 T_r 小于在地面书店买书需要的交通时间 T_t。在信息检索技术的支持下，网上搜寻时间 C_{se} 会

小于地面书店的搜寻时间 C_{sg}。网上书店的不足在于等待时间 T_w，时间的长短由网上书店的物流能力决定，而地面书店不需要等待时间，可以即时获取，等待时间为零。因此，对于急需拿到书的读者而言，等待时间的负面效用大于交通时间和搜寻时间带来的负面效用，会选择到地面书店购买；而对于不急需拿到书的读者而言，等待时间的负面效用小于交通时间和搜寻时间带来的负面效用，会选择到网上书店购买。随着物流效率的提高，在网上书店买书所需的等待时间正在迅速缩短。

（3）小结。

综上分析，在地面书店的图书销售价格与网上书店图书销售价格相同的条件下，地面书店与网上书店有着不同的销售对象：对于急需拿到书的读者、购买金额较少的读者或上网费用较高的读者而言，他们更倾向于在地面书店购书；而对于不急需拿到书的读者、购买金额较大的读者或上网产生的额外费用较低的读者而言，他们更倾向于在网上书店买书。

1.3 不同折扣率下的图书市场销售渠道的竞争及变化趋势

从目前的市场情况来看，图书在地面书店和网上书店上的销售价格并不相同。随着亚马逊、当当、京东等网上书店的发展壮大，图书在地面书店和网上书店上的销售价格出现差异。网上书店凭借规模优势和低运营成本，大幅提高图书的折扣率，使图书在网上书店的销售价格明显低于在地面书店的销售价格，由此导致图书市场销售渠道中读者的分布发生新的变化。

（1）图书批发价格与图书批发数量密切相关。

图书的价格是影响读者购买选择决策的最大因素。出版社 S 对于图书 B 定价为 P，地面书店 G 和网上书店 E 分别设定销售折扣率 R_g 和 R_e，消费者从网上书店购书的价格是 $P(1-R_e)$，从地面书店购书的价格是 $P(1-R_g)$。尽管图书的定价 P 名义上是由出版社决定的，但图书的实际销售价格却主要受两类书店的进价率 R_w 影响。

在现有的市场竞争环境下，基于同样的回款周期，传统出版社难以根据渠道的不同属性制定带有歧视性的批发价格，一般采取统一的按批发量 Q_B 的多少制定批发价格，确定批发折扣率，批发数量越多，批发价格越低，折扣率就越大，即书店批发进价率 R_w 就越低：

$$R_w = f(Q_B)，且\ df(Q_B)/dQ_B < 0$$

网上书店和地面书店在批发进价率 R_w 基础上加上销售的成本率 R_c 和一定的利润率 R_i，分别确定图书的售价率 R，即：

$$R = R_w + R_c + R_i$$

其中，R_i 对于网上书店而言可分为两种情况，第一种是确定为固定值，出现在网上书店的成长期，主要以扩大市场占有率为导向；第二种是根据 Q_B 的情况进行调整，确定利润最大化的利润率 R_{max}，出现在网上书店发展的成熟期，以利润最大化为导向。销售成本方面，地面书店 G 的销售成本有房租、运营成本和税金等，网上书店 E 的销售成本有运营成本和税金等。此外，网上书店还有网站搭建成本 M，是网上书店在初期一次性投入的成本。

（2）短期中图书销售渠道的正向循环机制。

从短期来看，在网上书店购买图书的读者占所有读者的比例不会有太大的变化。在这样的条件下，受到读者消费习惯的影响，在网上书店发展的初期，地面书店与网上书店相比，仍具有一定的优势，仍然占据着大多数的图书市场份额。但是地面书店受到物理空间的限制，能够陈列的图书品种有限，同时，过大的交易规模容易带来书店的拥挤，过量读者到地面书店购买图书还会带来更多的排队等待时间，另外，地面书店还面临着日益上涨的房租压力，这些都使其扩张受到很大的经营限制。

与地面书店相比，网上书店的图书品种陈列空间近乎无限，辐射范围也更广，能同时容纳的图书交易量更大，对读者数量的增加几乎没有限制。虽然网上书店在前期的搭建成本较高，但后期维护成本并不高，多增加一笔交易的边际成本几乎为零，这就为网上书店在达到一定规模后继续扩大交易规模创造了有利条件。

以 v 代表具备网上购书条件的读者占所有读者的比例，$0 < v \leq 1$。在 v 不变的前提下，单个图书销售渠道的图书销售数量在短期内会形成正向循环机制。这是因为：图书的定价 P、读者在网上书店买书的额外成本 A、读者到地面书店买书的机会系数 a 是固定的，故读者对图书的价值评价 θ 分别由 R_e 和 R_g 决定，θ_e 由 R_e 决定，θ_g 由 R_g 决定，加上 v 的大小不变，因此，购买图书的人数 Q_R 与 R_e 和 R_g 直接相关；与此同时，网上书店和地面书店销售图书的售价率 $R = R_w + R_c + R_i$，批发进价率 $R_w = f(Q_B)$，且 $\mathrm{d}f(Q_B)/\mathrm{d}Q_B < 0$，同时，$R_c$ 和 R_i 分别是两类书店销售的成本率和一定的利润率，可视为固定，因此，R_e 和 R_g 受到 Q_B 的影响。由于 $Q_B = Q_R = Q$，于是网上书店或地面书店销售图书的数量 Q_B 越多，能够得到的批发进价率 R_w 越低，销售图书的价格 P 越低，在网上书店或地面书店购买图书的人数 Q_R 越多，于是，图书销售数量 Q_B 越多，如图 10

所示：

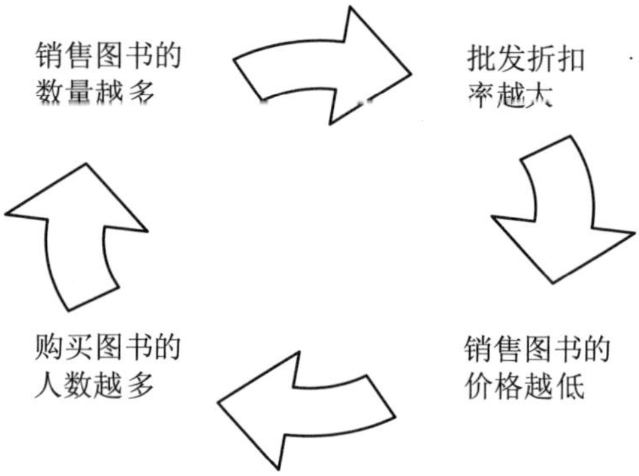

图 10　单个图书销售渠道的正向循环机制

在这样的情况下，虽然网上书店在发展初期并不比地面书店更有优势，但是一旦网上书店通过促销、降价等方式突破销售数量的瓶颈之后，便能获得更大的批发折扣率，从而确定更低的销售价格，进而吸引更多的图书购买者，产生更大的图书销售数量，循环往复，持续推动着销售数量加速增加，并获得利润。受到 v 不变的限制，总有（$1-v$）的读者不具备在网上书店买书的条件，无法到网上书店购书，如此便给地面书店留下了固定的图书销售市场份额，维持部分地面书店的生存空间。

（3）长期中网上书店严重冲击地面书店的市场空间。

近年来，随着电子商务的普及，在网上书店购买图书的读者占所有读者的比例正在快速提高，在这样的情况下，网上书店的发展空间得到进一步扩大，而地面书店的生存空间越来越小。一些以前只能在地面书店买书的读者，由于逐渐具备了在网上书店买书的条件，出于效用的考虑，也加入到在网上书店买书的行列。

同时，随着具备在网上书店购书条件的读者比例逐渐增大，网上书店势必进一步扩大整个图书销售市场的规模。反过来，网上书店销售规模的扩大，能进一步降低图书销售价格，使一些原先购书效用为零或负的读者，由于效用转为正而成为新增的消费群体，进而推动整个图书销售市场规模的扩大。

在具备上网购书条件的读者比例逐渐增大的条件下，随着网上书店逐步突破图书销售规模等瓶颈，网络时代的图书市场销售渠道的变化趋势是：整个图书销售市场的规模会进一步扩大，地面书店的生存空间会越来越小，而网上书店的发展空间会越来越大。

1.4 网上书店对传统出版社的影响

在网上书店蓬勃发展的时代，传统出版社仍然把握着出版图书的资源，是供应纸质图书的唯一合法来源，并根据图书批发数量确定批发折扣率，从而获取稳定的收益。但是，网上书店的发展，改变了传统的图书市场渠道，也对传统出版社的利益造成了巨大的影响。

传统出版社的利润为销售图书的收入与出版图书的成本费用之差。传统出版社销售图书的收入等于批发价格和批发数量的乘积。出版图书的成本由两个部分构成，一是固定的一次性成本，包括图书审稿、编辑、校对、设计等环节产生的成本；二是变动成本，包括印刷、纸张、版税等成本，与图书的出版数量、销售数量有关。

（1）传统出版社的最高批发折扣率制约网上书店的持续发展。

在具备上网购书条件的读者比例不变的情况下，图书销售渠道的正向循环机制显示：图书销售数量越多，批发价格的折扣率越大，网上书店的销售价格越低，到网上书店买书的读者数量越多，图书销售数量越多。同时，网上书店辐射范围广、可容纳的交易规模几乎无限大，这就为网上书店依靠正向循环机制持续扩大图书销售规模创造了重要条件。但是，传统出版社存在着与图书出版数量有关的变动成本和一定的固定成本，因此批发价格不可能无限度地下降，必须大于一个临界值，才能保证传统出版社能获得正利润。

当网上书店的图书销售数量达到一定的临界规模，获得传统出版社所能承受的最大批发折扣率时，网上书店销售数量的继续上涨就难以带来批发折扣率的相应增大，取而代之的是固定的最低批发进价率。这样的限制条件制约了网上书店进一步扩大销售规模，当然抑制了网上书店获取更多的利润。

（2）网上书店定价制约传统出版社利润的持续增加。

当传统出版社以固定的最大批发折扣率将图书销售给

网上书店时，传统出版社的利润将随着图书销售数量的上涨而增加。

网上书店的利润等于总销售收入与总成本之差。其中，总销售收入等于图书零售价格与图书销售数量的乘积，总成本包括前期的网站搭建成本和后期的销售成本。网站搭建成本属一次性投入，与图书销售数量无关。后期的销售成本包括运营成本和税金等，销售数量越多，运营成本和税金越大。随着销售数量的增加，总销售收入和总销售成本同时增加，在达到某一销量之后，受运营成本等上升的影响，网上书店的利润会呈下降趋势。

在固定最低批发进价率的条件下，图书销售数量的增加并不能持续带来网上书店利润的最大化，这就意味着网上书店会根据最大利润确定一个特定的图书销售数量，从而制约了传统出版社利润的持续增长。《纽约时报》刊文称，亚马逊凭借着低价战略逐步掌握了美国图书市场的话语权，甚至把地面图书零售商逼上绝境，但随着该公司的主导地位日益加强，图书折扣空间也日渐收窄，很难再提供诱人的售价。

网上书店与传统出版社在图书批发价格上存在分歧。对于网上书店来讲，一方面，它希望传统出版社提高批发折扣率，扩大零售价格的可浮动空间，创造进一步扩大网上书店市场份额的条件；另一方面，受到传统出版社最大折扣率的制约，它又不得不在市场上调整零售价格，以达到有利于实现自身利润最大化目标的销售数量。而对传统出版社而言，控制图书批发折扣率，限制网上书店零售低价幅度，制定相应的零售规则，既是保证其利润率的需要，更有利于平衡网上书店与地面书店的关系，形成正常的发行零售生态。

2　电子书对纸质书的替代效应

2.1　电子书与纸质书的差异

电子书与纸质书均是传播知识的工具，相互之间的内容并无差异，区别主要在于载体形式、阅读方式和图书价格。王跃虎（2011）曾建立了电子书与纸质书的模型，如图 11 所示：

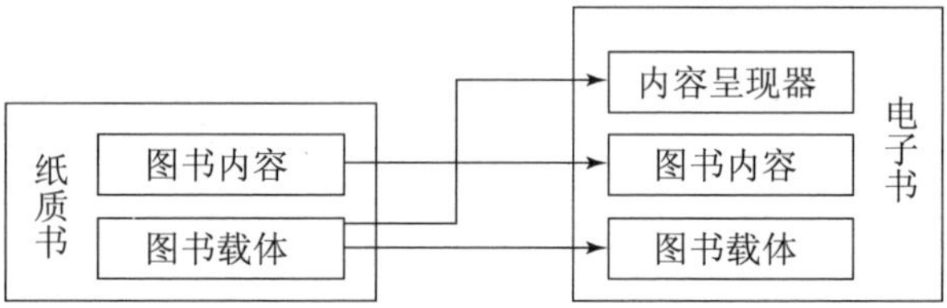

图 11　电子书与纸质书的差异

资料来源：王跃虎：《电子书与纸质书的差异分析》，《科技情报开发与经济》2011 年第 31 期，第 36—39 页。

一方面，纸质书的载体是纸张，而电子书的载体是电子书阅读器，如常见的 Kindle、iPad。这意味着纸质书可以直接阅读，而阅读电子书必须购买一个阅读设备。另一方面，纸质书与电子书的价格不同，纸质书价格通常是电子书的两到三倍，更极端的情况，电子书为免费，这是因为电子书只是由一系列编码组成，边际成本几乎为零，而纸质书需要纸张、油墨、印刷等成本，不具备这种成本优势。此外，受阅读习惯和年龄的影响，纸质书和电子书会带给读者不同的体验效用。对于年轻读者而言，两者的体验效用几乎无差异，而对于年龄较大的读者而言，纸质书的体验效用比电子书高。

2.2　电子书对纸质书的替代效应

从目前的形式来看，电子书对纸质书存在明显的替代效应。一方面，电子书的价格优势对读者有很强的吸引力。电子书的价格相对较低，引起一些读者放弃阅读纸质书转而阅读电子书。一些电子书由于是免费供读者阅读，更是把一些不读书的人口变为了读书人口。另一方面，电子书的便捷性逐渐引起读者的重视。纸质书有一定的重量，且占有一定的物理空间，存放和携带都受条件限制，而电子书存在存储器中，一个普通书大小的存储器甚至可以容纳一个近百平方米房间容纳的图书，携带起来也更为方便。同时，在电子书中查阅内容也更为迅速。此外，随着数字阅读载体技术的升级和人们阅读习惯的改变，阅读电子书更加健康和舒适，得到越来越多的人，尤其是年轻一代的青睐。电子书与纸质书之间的替代关系不仅折射出人本主义与环保观念之间的关系，也源自电子书与纸质书之间不同的成本和价值优势。

相比较而言，电子书和纸质书有着不同的成本结构。电子书虽存在固定成本 FC_e，但由于数字技术的特殊性，电子书的可变成本（未考虑版税的因素）几乎为零，因此，电子书的总成本 $C_e = FC_e$，与电子书的数量无关。纸质书既存在固定成本 FC_p，还存在一个可变成本 VC_p，总的可变成本随着图书数量 Q_p 递增，因为制作同一本书需要相同的纸张数量、油墨量及人工等。因此，纸质书的总成本 $C_p = FC_p + Q_p \cdot VC_p$，与纸质书数量相关。对比发现：两类书的平均成本有着不同的变化趋势。电子书的可变成本几乎为零，平均成本随着销售数量的增加而快速下降，边际成本趋近于零。与之不同的是，纸质书由于存在一个可变成本，其平均成本虽然也随销售数量的增加而逐渐下降，但边际成本总还是一个大于零的固定值。两类书市场的利润函数也不相同。对电子书而言，读者对电子书的需求函数是：

$Q_e = i - jP_e$，电子书市场的利润函数是 $\Pi_e = P_e \cdot Q_e - C_e = P_e(i - jP_e) - FC_e$。对纸质书而言，读者对纸质书的需求函数是 $Q_p = k - lP_p$，纸质书市场的利润函数是 $\Pi_p = P_p \cdot Q_p - C_p = P_p(k - lP_p) - FC_p - Q_p \cdot VC_p$。电子书与纸质书在成本结构、平均成本变化趋势以及图书市场利润函数上的差异，显现出电子书在与纸质书争夺读者市场的竞争中处于优势地位。

2.3 电子书与纸质书的竞争

为了争夺图书市场份额，电子书销售企业正在利用成本优势进行价格战，且这种价格战还在不断升级。这种价格战先是表现为电子书企业相互之间的价格战。

2010 年，美国就曾出现苹果与亚马逊在电子书上的价格战，最终以苹果输掉了被控与传统出版社合谋抬高电子书价格的官司而告终。2011 年 12 月，当当网开卖电子书，与近 200 家传统出版社合作，首次上线电子图书达 5 万种，90%以上电子书售价低于 10 元 / 本。京东商城电子书平台紧随其后，展开竞争，电子书售价为纸质书的三折。2013年11月，当当网再次发起了10万种电子书1角起1元封顶的价格大战。另外，电子书免费阅读和下载活动也频频出现。一些电子书零售商提供免费图书下载，虽然无利可图但可扩大自己占有的市场份额。例如，2013年4月，当当网推出“电子书全场0元下载”活动，当天的流量达到500万人次。电子书相互之间的价格战也间接提高了电子书与纸质书之间价格战的激烈程度，逼迫纸质书的售价下降。

对读者而言，纸质书价格较高，但可以直接阅读。电子书比较便宜，但需要购买一个电子书阅读器。由此可知，当读者阅读的图书数量较多时，购买电子书阅读器阅读电子书比较合算，当读者阅读的图书数量较少时，购买纸质书阅读比较合算。此外，随着电子书阅读器价格和电子书价格的持续下降，更多的读者会加入阅读电子书的行列之中。事实上，电子书对纸质书市场份额的争夺正在进行之中。近几年里，电子书的销售数量和销售额均出现大幅度提升，电子书在整个图书市场中的份额不断上升。

3　传统出版社面对电子书的矛盾选择

对于传统出版社而言，电子书犹如一把“双刃剑”，导致其对电子书的选择比较矛盾。一方面，传统出版社希望积极开拓发展电子书业务，在发展传统业务的同时得到一部分新的利润，在电子书市场中争夺一部分市场份额，保持自身在图书市场中的竞争优势。另一方面，传统出版社考虑到电子书对纸质书的替代效应，担心电子书的快速发展损害一直以来拥有的固有利益，影响自己对图书市场的控制力。目前，传统出版社对电子书的态度大多非常谨慎，不少出版社并没有积极介入电子书领域。

面对电子书销售规模快速增长的市场形势，电子书逐渐成了部分传统出版社与其他出版社进行竞争的工具，并可能引起传统出版社掀起电子书出版的新高潮。假定市场中存在着传统出版社 A 和 B，两者出版的图书具有很强的替代性，面对相同的图书销售渠道[1]，于是，出现四种情形，如图 12 所示。

		B：不出版电子书	B：出版电子书
A	不出版电子书	情形 1 $\left(\frac{1}{2}\Pi, \frac{1}{2}\Pi\right)$	情形 3 $\left(\frac{1}{2}\Pi', \frac{1}{2}\Pi'+\Pi'_e\right)$
A	出版电子书	情形 2 $\left(\frac{1}{2}\Pi'+\Pi'_e, \frac{1}{2}\Pi'\right)$	情形 4 $\left(\frac{\Pi'+\Pi'_e}{2}, \frac{\Pi'+\Pi'_e}{2}\right)$

图 12　传统出版社之间的博弈

在情形 1 中，A 和 B 均不出版电子书，两个出版社平分纸质书的市场利润 Π。在情形 2 中，A 出版电子书，B 不出版电子书。电子书进入市场将对纸质书销售规模产生一定影响，减少纸质书的市场需求量，使纸质书的总体利润下降，由 Π 减少为 Π'。此时，A 继续与 B 平分纸质书的

1 由于两个出版社面对着相同的图书销售渠道，不存在排他性，因此，在分析两者对电子书的选择时可暂不考虑销售渠道对出版社的影响。

市场利润 Π'，并单独获得出版电子书的利润 Π'_e。在情形 3 中，A 不出版电子书，B 出版电子书，利润与情形 2 相似，两者的利润互换。在情形 4 中，A 和 B 同时出版电子书，于是，两者平分纸质书的总利润 Π' 和电子书的总利润 Π'_e。从两个出版社的利润变化情况可以发现：

一是如果初始状态中有一家出版社出版电子书，则另一家出版社必将出版电子书，均衡状态将是情形 4。这是因为，如果 A 出版电子书，则 B 只能在情形 2 和 4 之间做选择，由于 $\frac{\Pi' + \Pi'_e}{2} > \frac{1}{2}\Pi'$，因此，B 在情形 4 中的利润大于其在情形 2 中的利润，于是选择情形 4，即出版电子书，从而达到均衡状态。反之亦然，如果 B 出版电子书，则 A 也将在利润驱使下出版电子书。虽然，两者均出版电子书所得到的利润可能低于两者均不出版电子书得到的利润，但另一家出版社仍然会紧跟前一家出版社的步伐加入出版电子书的群体，这与经典的“囚徒困境”极为相似。

二是如果初始状态中有一家出版社不出版电子书，则另一家出版社将根据存在电子书和不存在电子书两种情形下的市场利润做选择。以 A 不出版电子书为例，则 B 可在情形 1 和情形 3 中作选择，选择的依据是自身利润的最大化。（1）如果 $\Pi > \Pi' + \Pi'_e$，则 B 将选择情形 1，即不出版电子书，此后，A 将不会改变初始选择，在情形 1 中达到均衡状态。在目前电子书盈利较少，且会对纸质书利润产生一定程度负面影响的大背景下，这就是大多数传统出版社对电子书保持观望的重要原因之一。（2）如果 $\Pi < \Pi'_e + \Pi'_e$，则 B 将选择情形 3，即出版电子书，此时，A 将改变初始选择，转而出版电子书，于是，两者均出版电子书，在情形 4 中达到均衡状态。

在存在数字出版企业的大背景下，传统出版社的均衡状态必然是情形 4，即两个出版社都出版电子书。由于数字出版企业的存在，即使两个传统出版社都不出版电子书，市场上仍然存在电子书，此时，两个传统出版社各自的利润为 $\frac{1}{2}\Pi'$，受利益的驱使，两个传统出版社都将出版电子书，进而分得电子书市场利润的一部分。此外，随着电子书盈利模式逐渐清晰，在不断有新的出版社开始尝试出版电子书的趋势下，可以预计，未来数年里，出版电子书将是大多数传统出版社的必然选择。

2014 年 5 月至 2015 年 1 月第一稿
2015 年 4 月第二稿
2015 年 5 月第三稿
2015 年 6 月定稿

参考文献

[1] 吴信训主编:《世界传媒产业评论》(第9辑),中国国际广播出版社2012年版。

[2]《中国出版年鉴》(2012),中国出版年鉴社2012年版。

[3] 曼昆:《经济学原理》,梁小民译,机械工业出版社2006年版。

[4] 杰里米·里夫金:《第三次工业革命》,张体伟、孙豫宁等译,中信出版社2012年版。

[5] 杰里米·里夫金:《零边际成本社会》,赛迪研究院专家组译,中信出版社2014年版。

[6] 陈昕:《出版经济学论稿》,中华书局2014年版。

[7] 陈昕:《美国数字出版考察报告》,上海人民出版社2008年版。

[8] 应中伟:《中国出版企业核心能力研究》,广东人民出版社2011年版。

[9] 于文:《风险、利润与现代出版业的起源》,《出版科学》2012年第6期,第48—52页。

[10] 于春生:《论数字期刊产业链价值创造与收益分配》,《中国出版》2012年第9期,第33—37页。

下　编

数字网络环境下传统出版社转型发展的观察与探索

美国传媒集团考察 *

——兼论中国出版业长期发展的若干问题

1997 年和 1998 年，为组建上海的出版集团，我曾分别对美国和欧洲的大型出版集团进行过专门的考察，回来后曾在《中国图书商报》上发表过《论组建出版集团的若干问题》一文，系统地论述了组建出版集团与中国出版业发展的关系，以及组建出版集团过程中应把握的若干原则。上海世纪出版集团自 1999 年 2 月 24 日成立以来，已经走过了三年多的历程，顺利地度过了过渡期、磨合期，进入了发展期。三年多来，我们高举邓小平理论伟大旗帜，以

* 本文原载《中国图书商报》2002 年 8 月 13 日。

江泽民同志“三个代表”思想为指导，调整了出书结构，出版了一批精品力作；重组了发行资源，拓展了图书进入市场的通路；开展了数字化工作，启动了信息化建设；初步形成了新的管理体制，不断完善了新的运行机制，进一步扩大了经济实力。与集团组建前的1998年相比，2001年集团的利润增长了42%，净资产增长了71%。但是，如何在新的历史条件下，尤其是在中国加入WTO的背景下加快集团发展的步伐，迅速提高自身的综合实力和竞争力，仍是摆在我们面前急待解决的问题。为此，应美国著名的投资银行——摩根斯坦利公司（Morgan Stanley）的邀请，我带着一系列问题于今年6月16日至26日对美国的传媒业进行了为时10天的考察。在美国期间，我先后拜访了美国索尼音乐集团（Sony Music），考察了维亚康姆集团（Viacom）及其属下的音乐电视公司（MTV），西蒙·舒斯特出版公司（Simon & Schuster），麦格劳-希尔集团（Mcgraw-Hill）及其属下的教育出版公司、标准普尔公司（Standard & Poor’s）、商业周刊（Business

Week），培生集团（Pearson），参观了美国纽约证券交易所（New York Stock Exchange）和纳斯达克证券交易所（Nasdaq），与摩根斯坦利媒体部进行了会谈。现结合中国出版业长期发展中的问题，谈谈我这次访美的一些感受和体会。

一、关于内容产业和传媒集团的定位

随着数字化进程的加速和互联网的迅猛扩张，上世纪90年代中期出现了“内容产业”（Content Industry）这个新的产业概念。欧盟“Info2000计划”中把内容产业的主体定义为“那些制造、开发、包装和销售信息产品及其服务的企业”。内容产业的范围则包括在各种媒介上的印刷品（报纸、书籍、杂志等），音像电子出版物（联机数据库、音像制品服务，以传真及光盘为基础的服务以及电子游戏等），音像传播（电视、录像、广播和影院等），用作消费的软件等。[1] 这次访美，给我感触最深的一点便是，我所接触的所有的大型传媒集团均把自己的角色定位为内容提供商。这绝非偶然，而是有着深刻的时代背景和广泛的社会现实基础的。

信息技术产业自诞生之日起，经过长期发展，已经历了以系统为中心和以个人电脑为中心两个重要阶段，现正处于以网络为中心的阶段。在不同的产业发展阶段，其主要技术、主导原理、产品重点、主要顾客以及供应商结构等都是完全不同的。例如在以系统为中心的阶段，其主要技术是晶体管技术，主导原理是格罗施法则（计算机的处理能力以成本的平方速度增加），专用系统是重点，以及纵向的供应商结构；在以个人电脑为中心的阶段，其主要技术是微处理机技术，主导原理是摩尔定律（半导体性能每两年提高一倍），标准微机产品是重点，以及横向计算机价值链的供应商结构等；在以网络为中心的阶段，其主要技

1 参见缪其浩：《内容：一个大产业》，《文汇报》2000 年 1 月 15 日。

术是通信宽带技术，主导原理是梅特卡夫法则（网络的价值将随用户数量的增加而呈指数级增加），外部网络成为关注点，网络服务成为重点。[1]

这三个产业发展阶段实际上只是完成了硬件及其信息基础结构的建设，其演变并未到此终止。一旦全球信息基础结构安排就绪，这个产业的中心将转变为充分利用该基础结构，强调服务的内容和应用。这个以服务内容为中心的阶段，标志着确实走向一个真正信息社会的开始。尽管目前总体上仍处于以网络为中心的发展阶段，但在现有互联网基础上，服务内容和应用的重要性已经充分显现，并开始逐步发展起来。因为网络的内容将开始成为一种稀缺商品。与其他稀缺商品不同，网络内容的开发具有几乎无限种类的可能性，并不受制于投资收益递减规律。[2] 正是在这种背景下，内容产业脱颖而出，并受到大型传媒集团的

---

1 2 参见戴维·莫斯拉：《权力的浪潮——全球信息技术的发展与前景》，社会科学文献出版社 2002 年版。

高度重视。

尽管数字化和互联网的发展催生了内容产业，但文化企业、大型传媒集团顺应这一趋势，及时进行转型与实践，则是促成内容产业发展的重要因素。20 世纪七八十年代以来，国际传媒娱乐业发生过两次大的收购兼并浪潮，其最终结果便是产生了一批以内容提供为主的大型传媒集团。

第一次收购兼并浪潮发生在 70 年代末和 80 年代上半期。这次浪潮有两个现象：一是一些大型工业集团凭借其实力开始进入传媒业。例如法国著名的航空汽车工业企业拉嘎德集团（Lagardere）于 1981 年接管了阿歇特出版公司（Hachette），正式步入传媒业。二是一些大型传媒企业为了迅速地扩张，均实施业务多元化发展战略，通过收购兼并把自己的经营范围扩展至包括文化基础设施、文化工业、商业、银行、旅游、房地产和文化内容等诸多领域。如培生集团作为一家以出版为主体的传媒集团，其在七八十年代不仅拥有一定规模的电视发射系统，还拥有著名的英国蜡像馆和拉萨德银行的股份。当时这些传媒集团的经营哲学是“鸡蛋不能都放在一个篮子里”。

而90年代开始的席卷全球的传媒企业的收购兼并浪潮，则明显是一些大型传媒集团为了形成自己的核心竞争力，纷纷进行业务结构的调整，通过在资本市场上卖出买进的方式将自己的业务领域集中在内容产业。例如，培生集团在90年代中后期先后卖出了自己在蜡像馆、拉萨德银行、西班牙主题公园的股份和在英国第五频道及B卫视的部分股份，加之利用从其他渠道融来的资金，通过一连串漂亮的“组合拳”，从1994年到1998年先后收购了艾迪生·维斯理出版公司（Addison Wesley）、哈珀·柯林斯出版公司（Harper Collins教育出版部分）、西蒙·舒斯特（教育出版部分）三大教育出版公司，再通过与原旗下朗文出版公司（Longman）的合并和业务重组，从而使培生教育集团成为了全世界最大的教育出版集团。

维亚康姆集团的收购兼并同样值得我们关注。1986年萨姆·雷石东（Sumner M. Redstone）先生出任美国国家娱乐公司的董事长后，即于1987年6月收购了总部在纽约的维亚康姆公司的股权，之后开始了令全球传媒业难忘的收购兼并之旅。其收购兼并的最终结果是将所有的业务领域集中到内容提供上来。该集团的副总裁琼·尼古拉斯（Joan E. Nicolais）女士骄傲地对我说，雷石东先生早在1990年就作出了一个非常重要的决策，那就是成为全球最重要的内容提供商。正是这一重要而前瞻的正确决策，加之成功的运作，使维亚康姆于今年5月正式取代美国在线·时代华纳（AOL Time Warner）成为全球股票市场上市值最高的媒体公司。今天维亚康姆集团下属有派拉蒙电影公司、派拉蒙电视台、派拉蒙主题公园、MTV电视网、尼克罗迪儿童频道、百临门（Blockbuster）录像带租赁连锁店、斯佩灵（Spelling）电视节目制作公司、电影时空（Show Time）电影频道、西蒙·舒斯特出版公司和19家电视台，还在美国和欧洲拥有1300家电影院。

我们说上世纪90年代的收购兼并浪潮使全球主要的传媒集团大都把自己定位于内容提供商的角色，并不是说全球所有的传媒集团均不再从事除内容提供以外的业务。事实上，贝塔斯曼集团（Bertelsmann）至今仍还经营着庞大的印刷、复制企业，索尼音乐也拥有一定规模的复制企业，而阿歇特集团的母公司拉嘎德集团则还拥有法国著名的工业企业集团——欧洲航天防御及航空公司（EADS）和马特拉公司（Matra），涉足航天航空、汽车制造、国际交通、远距离通信等领域。但是仔细地分析这些集团的业务结构，就会发现在它们那里，工业生产与内容生产两个领域已经被完全不同的企业主体经营着。今年2月我见到当时贝塔斯曼集团的首席执行官托马斯·米德尔霍夫（Thomas Middelhoff）时询问了该集团业务重组情况，米德尔霍夫告诉我，他们已对全集团的业务进行整合，将所有涉及内容的部分整合在一起，而对工业系统则单独另列一块。由此可见，由于历史的和其他的原因，即便某些传媒集团仍然拥有工业部分，但在实际操作中也将其放入另类了。

作为内容提供者，传媒集团最重要功能又是什么呢？

在美国的考察中，所有传媒集团的总裁告诉我的都是这样一句话，那就是进行文化创新，向市场提供更多的信息文化产品。对于文化创新，过去我们的理解往往过于简单。例如，在出版业我们述及图书出版的创新时，往往强调的是对学术的贡献，由此常常要求注重单本原创图书的出版。其实，单本学术图书的创新主体并不是出版社，而是学者，出版社在其间的作用仅仅体现在这一创新活动的某一个环节即编辑出版上。对美国的这一次考察，使我清楚地意识到，作为内容提供者，出版社应该成为创新活动的主导者和组织者。从这一目标出发，我们不仅需要对各类学术文化创新活动进行前瞻性的规划和组织，并把它转化为市场所能够接受的形式，而且更需要从市场出发，从读者需求出发，进行大规模的文化创新活动，向读者提供更多的文化产品。综观国际出版集团近年来的实践，我们清楚地看到，至少在教材出版、工具书编纂和畅销书组织这三个领域，最重要的创新主体是出版者。麦格劳-希尔、培生教育在教科书和工具书的编辑出版过程中所表现出来的创新精神实在令人钦佩不已。然而，中国出版业的情况则不尽理想，我们在这三个领域均没有起到创新主体的作用，而仅仅是创新活动的一个环节而已。例如，我们在教材的编写上主要依靠教委，双语词典的出版依赖于引进，而对畅销书的组织策划在有些地方出现了依靠工作室的现象。这种情况任其发展下去是非常危险的。这方面，中国音像出版业的发展过程是有教训可以吸取的。

上世纪90年代初，中国音像业大量引进外国流行音乐节目，虽然在短期内使中国音像业的产值有了较大幅度的上升，但是，在引进的同时，我们不注意培养自身的音乐原创能力，又缺乏对文化资源开发、产业发展路径的基本了解，以致今天在盗版猖獗、入世后国际五大唱片集团控制音乐节目资源、漫天要价的情况下处于举步维艰的困境。

作为内容提供者，在进行文化创新的过程中，从产业的角度看，特别重要的有两点：一是要在市场上形成各种品牌，内容主要是通过品牌来占领市场、赢得读者的。因为内容产品的竞争是一种智力竞争，这种品牌驱动的战略至关重要。二是要拥有自主知识产权，而只有成为文化创新的组织者和主导者，才能拥有自主知识产权。20 世纪 90 年代国际传媒集团的收购兼并浪潮无一不是围绕着品牌和知识产权而展开的，而它们在全世界市场的扩张也无不是通过品牌来进行的。

二、关于传媒集团的业务结构和收入结构

在相当长的一段时间内，中国出版社的业务结构和收入结构是相当单一的，同时又是高度同一的。这是因为新中国成立后，我们按照计划经济的要求，把全国的出版社全部建成一种模式，按照国际的标准看，大都属于不大不小的中小型企业。那就是，一般在两三百人以下，四五十人以上；年出新书 400 种以下，100 种以上；年销售额 2 亿元以下，2000 万元以上；年利润在 1000 多万元以下。经过多年的发展，尤其是最近几年的努力，中国出版业涌现出

少量相对规模较大的企业。但是与海外出版集团相比，这些出版企业仍属于中小企业。

经济学一般认为，企业在规模相对较小时，通常业务比较单一，注重于专业化程度，即把单一产品（业务）规模做大，以取得规模经济效应，形成核心竞争力。因此，它可以较少考虑业务结构和相应的收入结构，而只要关注数量的增长就可以了。但是当企业发展到一定规模的时候，其规模经济效应趋于下降，投资收益递减规律开始发挥作用，便要寻找新的盈利点，转向追求范围经济效应。这样，企业的结构问题就显得异常重要，甚至成了比数量增长更为重要的问题。因为在这时，结构安排成了数量增长的前提，若没有一个好的结构，就不可能有较快的数量增长。

这次在美国考察期间，给我印象深刻的是，无论是维亚康姆，还是培生，抑或麦格劳-希尔，均极其注重自身的业务结构和收入结构，且已形成了一个合理的结构。例如，琼·尼古拉斯女士告诉我，维亚康姆集团与竞争者相比主要有四个方面的强项，其中前两项均是结构安排，那就是：（1）独特的资本投入和现金流；（2）收入来源的多元化和资产的高成长性。2001年维亚康姆集团的年收入达250亿美元，毛利达50.5亿美元。这50.5亿美元的毛利产生的结构是：有线电视网占32%，电视占23%，户外广告占27%，影像出租占11%，娱乐、出版占7%。从琼·尼古拉斯女士处还得知，维亚康姆集团广告收入和非广告收入的结构比例为45∶55；他们认为作为以广播电视为主体的传媒集团，比较合理的广告收入与非广告收入的结构是50∶50。而非广告收入中最大的一个部分则是由内容节目供应所产生的。维亚康姆集团是全美最大的电视节目供应商，每周生产75小时的节目，类别很多，可以覆盖不同的人群。其MTV的播放覆盖人口有10亿，3.6亿个家庭接受维亚康姆的有线电视节目。正是内容质量上乘的节目支撑着其高额的广告收入。另一方面，即便在广告收入中，维亚康姆也形成了合理的媒体广告和户外广告结构。维亚康姆在户外广告方面也是全球无可争议的领导者。在全球它拥有100多万个广告牌。在时代广场，维亚康姆的凯莱布·温斯坦（Caleb Weinstein）先生指着四周令人眼花缭乱的巨型广告牌告诉我，这里有一半属于他们的。

又如，培生集团也十分注重其业务结构的安排，经过90年代一连串收购兼并活动，作为内容提供商，其业务领域由三个方面组成。第一是培生教育集团，第二是企鹅出版集团，第三是金融时报集团。2001年培生集团的收入为62亿美元，其中培生教育出版集团占62%，企鹅出版集团占19%，金融时报集团占19%。

在美国考察期间，我还发现美国传媒业不同企业集团通过竞争和并购形成各自良好的业务结构的直接后果，就是全美传媒产业形成了一个相对合理的结构和一种错位竞争的格局。

这里我们不妨再作一些比较深入的分析。美国的传媒集团十分重视与竞争对手业务结构的比较分析。维亚康姆的琼·尼古拉斯女士向我展示了2002年的美国主要娱乐传媒集团的业务收入结构对比表：

	维亚康姆	美国在线·时代华纳	迪士尼	新闻集团
有线电视网	32%	18%	32%	9%
广播和户外广告	27%	—	6%	—
电　视	22%	—	—	25%
录影带出租	11%	—	—	—
电　影	6%	11%	12%	24%
出　版	1%	10%	—	42%
公　园	1%	—	50%	—
有线系统	—	34%	—	—
互联网服务（ISP）	—	23%	—	—
音　乐	—	4%	—	—

对这张表需要说明的是，同样是出版，它们之间的重点也各自不同。维亚康姆主要做一般图书的出版，美国在线·时代华纳做杂志出版，而新闻集团则以报纸出版为主。

全球最大的两家教育出版集团培生和麦格劳-希尔 2001

年的收入结构也值得作比较分析：

培生（2001）		麦格劳-希尔（2001）	
总收入：62 亿美元		总收入：46.45 亿美元	
其中：培生教育	62%	其中：教育出版	49.98%
金融时报（包括报纸出版和金融服务）	19%	金融服务	26.16%
企鹅（一般图书出版）	19%	信息和媒体服务	18.21%

上述两张对比表，不仅充分地展示了美国传媒集团作为内容提供商的清晰定位，以及在此基础上形成的多元化业务结构，而且还可以看到，即便同是娱乐传媒集团或出版集团，它们之间业务收入结构的差异也还是比较明显的，没有完全同构的。

对照中国的情况，不难看出其中的问题，那就是各大出版集团、报业集团和广播影视集团，它们之间的业务收入结构均是高度同一的。经济学的基本理论告诉我们，在高度同一的市场结构中，往往会产生企业之间的过度竞争。君不见，我们的报业集团前些年来不正是在价格和广告两方面展开过一场没有硝烟的战争吗？我们的出版集团在图书批发折扣上不也是打得你死我活吗？由此又导致了多少资源的浪费。因此，形成一个好的业务收入结构，不仅对于集团的发展是重要的，进而对形成整个文化产业的合理结构也至关重要。

需要说明的是，我这里所强调的合理的业务收入结构和业务收入结构多元化是就一定规模的文化企业集团而言的，因为企业只有达到一定的规模，结构问题才显得比总量问题更重要。而对于小出版社而言，业务结构过于多元化则是有弊无利的。尤其是在内容产业，由于其业务经营的专业化程度较高，小企业不宜安排过于复杂的业务结构。写到这里还想就社办期刊发表点意见。在长期的出版实践中，中国的出版社先后创办了一批期刊，其中不乏很有影响的精品大刊，但从产业发展所要求的专业化角度看，目前社办期刊的做法还是有很多地方值得研究的。那就是社办期刊实际上等同于出版社的一个编辑部门，有的甚至与同类图书合为一个编辑室，既出书又出刊。在这种情况下，办刊的主体实际上只对期刊版面负责，而对期刊的印刷、发行、经营、核算、分配、用人等环节则很少关心或无法过问。在这种体制下，社办期刊是难以发展的。综观欧美出版业，专业的小出版社几乎都不兼出期刊。而大的出版集团则是把期刊出版和图书出版分列为不同的子系统独立运作，无论是麦格劳-希尔、贝塔斯曼，还是阿歇特、时代华纳，概莫能外。因此，今天我们在组建集团重新配置期刊资源时，一定要充分考虑内容产业发展的结构性、专业性要求。

三、关于数字融合基础上的业务融合

在美国考察期间，通过对各传媒集团近期业务整合过程的分析，我感到美国内容产业正在酝酿着一场数字融合基础上的业务融合风暴。这里对其作一些介绍。

其中，最具典型的是麦格劳-希尔集团的业务结构。作为一家传统的出版集团，经过长期的发展，麦格劳-希尔的业务目前主要包括三个部分：（1）教育，主要出版从幼儿园到高等教育的各类各学科的教材，还包括职业培训方面的教材。目前在全美教育图书市场上，麦格劳-希尔教育是仅次于培生教育的第二大教育出版商。（2）金融服务，拥有全世界最著名的资信评估机构——标准普尔，并在全球有 25 个分支机构。经过几十年的发展，标准普尔通过制定标准和为金融决策者提供值得信赖的分析报告为全球金融市场服务，能够向全世界的投资者每月、每周、每天、每时每刻提供网络和网络以外的金融信息服务。（3）信息和媒体服务，主要包括四家电视台、商业周刊等近 20 家期刊和多家信息咨询公司，其业务不仅包括媒体内容提供，还包括会议服务和行业信息服务等。比如，它们充分利用商业周刊的品牌，每年在全球要召开各类专门会议。它们还利用长期建设起来的各类数据库和信息库举办各种展览，例如全球的许多航空、能源、建筑、信息展均是麦格劳-希尔主办的。麦格劳-希尔的信息和媒体服务的总裁斯科特·马登（Scott C. Marden）先生告诉我，每年在这方面的收益颇丰。

一个传统的出版企业怎么会形成如此一个包括金融服务和信息服务的业务结构，而这些业务与出版之间究竟有没有互动的关系？在摩根斯坦利访问期间，我问媒体部的总经理乔纳森·尼（Jonathan A. Knee）先生，为什么培生、麦格劳-希尔，还有汤姆森这些出版集团，均有金融服务这个业务，应该如何看待这种结构，金融服务和出版服务之间有无协同效应。他的回答是，出版、金融服务之间不一定有协同效应，他们这样做只不过是使业务多元化，保持资产结构的稳定性。多元化的资产结构可以使盈利风险降低。这些集团经营这些项目都是由专门的机构来做的。当我问及投资者如何来认识这种资产、业务的多元化结构时，乔纳森·尼的回答则是投资者对这种多元化的结构是比较认同的，但在不同时期这种认识是不一样的，现在人们都认为麦格劳-希尔应多做金融服务业务。

当天下午，当我去访问麦格劳-希尔集团时，又就上面这一问题咨询麦格劳-希尔教育、金融服务、信息和媒体服务总裁的意见时，他们异口同声地回答道，麦格劳-希尔三大块业务之间有较强的互动性，早期的金融信息服务是出版者做的，被看作是出版市场的一部分，而今大互联网的发展，则使出版与金融服务结合得更为紧密。因为二者都是收集信息和资料，有某种共同性。在数字化的背景下，出版集团既做金融又做出版，需要运用高技术，两部分可以用一个平台来开发；做金融服务，必须搜集很多信息，而这些金融信息整理后可以用于出版。他们还拿出了一些产品来说明这些业务之间的协同性。我们访美期间，正值美国第二大长途电话公司——世界通信公司财务欺诈案被披露，这一丑闻严重打击着投资者的信心，导致全球股市全面进入低谷。而这一期间，麦格劳-希尔的股票价格却相当稳定。究其原因，麦格劳-希尔教育集团的总裁、全美出版商协会主席罗伯特·艾文森（Robert E. Evanson）先生告诉我，在一个诚信受到破坏的社会，资信评估机构显得十分重要。麦格劳-希尔属下的标准普尔作为权威的资信评估企业，其新近开发的两个新的产品，对股市的健康发展具有现实意义。一是衡量企业核心竞争力的“核心盈利”(Core Earnings ）指标，它将按不同会计方法计算出的企业盈利进行调整，消除仅仅阅读企业财务报表给人造成的误导，从而使对各类企业进行评估时具有较强的可比性。二是衡量企业治理结构状况的“企业治理结构”(Corparate Governance ）指标，它通过对企业治理结构中各个要素的测量，对企业治理结构的现状作出数量化的评判。这些新的产品无疑有助于投资者了解企业的真实情况，增加企业透明度。由此麦格劳-希尔的股票获得了投资者的青睐。这也在一定程度上说明，这样一个融合的业务结构还是有效率的，对于大型集团的发展很有帮助。

我的感觉是，原先完全属于不同行业的业务融合而成的新型结构，是内容产业发展中的一个新现象和新事物，具有很大的发展潜力。我们不能用传统工业时代的产业划分和产业关联理论来看待这一新型的业务融合，而要从信息化进程中数字融合基础上产业融合的新视角来解释其合理性。

在传统工业化进程中，技术进步大多发生在本产业边界内部而不是发生在各产业边界，因此工业技术的每一步发展，尽管细节上千差万别，但都有利于形成新的产业分工和强化产业分工。以出版、广播电视和电信为例，这三大产业从其产出的内容同一性来讲，都是提供信息服务。但与许多产业部门一样，过去的出版、广播电视、电信是分别独立的，存在明显的产业边界特征。

1. 三大产业部门使用的技术是各自独立的，有其特定的技术及其设备，并按照特定的技术标准提供信息服务内容。

2. 三大产业部门分别提供不同产品和服务，并通过其特定的流通渠道与流转环节形成各自不同的价值链。出版活动大都限于纸张实物分销的形式，电信方面由一个纵向一体化的垄断实体提供端对端的服务，广播电视系统也自成体系。

3. 三大产业部门之间是一种纵向一体化的市场结构，有各自分割的市场领地，处于非竞争关系之中。竞争只是发生在同一部门内不同企业之间。

4. 三大产业部门在以不同方式提供信息服务内容时，都有其各自的行动准则与规范。

在传统产业分立的情况下，三大产业部门中也曾有过一些大公司从传统经营角度追求不同业务的融合，但这些业务融合最终大都以失败告终。究其原因就在于缺乏技术融合的基础。在没有相应技术融合的基础上，所实行的纵向一体化业务融合是强行拼凑的，被称为“死尸的融合”。

然而随着数字技术的发展，特别是计算机技术和网络技术发展殊途同归，走向 IP 技术融合，不仅使语音与数据可以融合，而且使不同形式的媒体彼此之间的互换性和互联性得到加强。这样，无论是照片、音乐、文件、视像还是对话，都可以通过同一种终端机和网络传送及显示，从而使语音广播、电视、电影、照片、报纸、图书、杂志以及电子货币等信息内容融合为一种应用或服务方式。也就是说，数字技术把这些部门带到一起，所有这些部门都越来越围绕使用 1 和 0 作为其信息编码的思想。而在此前只有计算机业是真正数字化的，其他部门主要使用模拟或具体媒体格式。当所有这些部门都越来越走向一个共同的数字基础时，这些部门现在就能以一种以前根本不可能的方式相互交往了。此外，数字化也大大丰富了人类在网络上联络交流的渠道和方式，由家庭到办公室各种网络信息和信息设备之间的互动性、互用性和连接性均有所提高。

这一现象现在被称为“数字融合”，其实质不只是改变了获得信息的时间和空间及其成本，更主要的是其技术进步发生在各产业边界处，为产业融合和业务融合提供了重要的技术支撑。

由于信息技术的广泛运用及其生产方式的根本转变，打破了各种产业边界，导致产业之间更多的相互渗透和融合，并使与买卖双方密切相关的市场区域概念已转变为市场空间概念。传统厂商观念中的“有明确范围的竞争”，也将被一个纵横相交的更加广泛的概念所替代。这些相关活动的协调，既有竞争，又有合作；既在传统市场之内，又在传统市场之外。

例如，在数字技术融合的基础上，服务内容与应用的业务融合不断涌现出来。电视、音乐、报纸、杂志、体育及所有其他娱乐形式都使用同样的混合多媒体技术进入互联网。在其原有媒体上完全不同的产品在互联网上看起来往往都类似。另外，受单位容量扩大的影响也会使服务内容发生结构重组。万维网可提供实际上无限的数字频谱，并消除印刷、邮资与分发成本，大大降低了准入壁垒，从而使服务内容制作大大增加。多媒体经营者与产品，以及新的订购与广告规定及编辑手续的出现，可能导致一个机构大大重组的全球内容服务业。

在数字融合基础上实现的传媒娱乐业各个产业之间的融合，突破了产业分工的限制，使电信、媒体和信息技术部门得以寻求交叉产品、交叉平台以及收益共享的交叉部门，从而导致资源在更大范围内得以合理配置。同时，它也给企业界的经营活动带来了巨大的新的商机。

在美国考察期间，我的一个强烈感觉是传媒娱乐业的各大集团正在迎接数字融合所将带来的业务融合。它们正通过技术提升来寻找发展其传统服务业务领域和拓展新的内容服务的机会。三大出版集团向教育领域的大规模渗透，利用信息技术在金融服务领域大规模扩张，通过 B2B 所进行的大规模的全面的信息服务，以及麦格劳-希尔利用数字电视所启动的对个人理财活动的报道，不正是预示着数字融合基础上的业务融合和产业融合时代即将来临吗？

需要说明的是，这种业务融合带来的业务结构的多元化，是新型的横向一体化的业务结构安排。尽管其内容不同（按传统观点，甚至是不同行业的内容），但其生产对象的实体是同一的（信息、服务），其技术手段也是同一的（数字化技术），其运作平台也是同一的（互联网络）。因此，这种业务融合具有很强的资源整合性，人员和机构间的协同性，业务之间的互动性。显然，这与所谓跨行业经营的多元化，在性质上是完全不同的。那种一谈多元化发展就主张进入房地产、旅游、宾馆等领域的做法已经被实践证明是可笑的。因为它们生产对象的实体、技术手段及运作平台都是完全不同的、相互分割的，其资源无法有机整合，人员和机构间不能协同，不同业务之间无法融合起来。在数字化时代，内容产业中的大企业集团应该倡导的是这种业务融合的合理结构，强调的是各种内容资源经营开发的多元化。

还需要说明的是，在集团发展的过程中，即便是在内容产业的范围内考虑业务结构的多元化，也还是要注意形成核心产业和主打产品。因为，业务融合的结构安排不是削弱专业化程度，而是要求更精细的专业化运作，以形成核心业务和拳头产品。过快地进行多元化经营，势必造成主业不强、多角经营，整体业务规模很大却又形成不了规模效益的局面。应该看到专业化经营是多元化经营的基础，一个合理的多元业务结构的形成必须从专业化做起。

四、关于出版业的两个市场

关于两个市场的议论，对于中国出版业来说，过去主要集中在国内市场与海外市场上，而中国出版如何走向世界，则一直是业内近二十年在思考的问题。不过，在我看来，随着数字化时代的到来，我们应该更加关心的是另外两个市场：一般大众市场和特殊用户服务市场。所谓特殊用户服务市场的对象是指较之一般读者而言具有更加专业的知识和信息需求的机构和个人。

中国出版业长期以来，一直关注、培育和发展的是一般大众市场，而对特殊用户服务市场却知之甚少。这当然是由现阶段中国出版业的发展水平所决定的。带着这个问题，我专门考察了美国出版业这方面的情况。令我感兴趣的是，世界三大教育出版集团培生、麦格劳-希尔和汤姆森的业务结构中均有金融服务这一板块，而且其收入还占了集团总收入中相当大的份额。不仅如此，这三大教育出版集团还深深地卷入教育服务领域，设立各种类型的考试中心、培训中心、在线服务中心，提供专门的教育服务。麦格劳-希尔更是把原来以期刊为主的传媒公司改造成信息及传媒服务集团，依托原有的《商业周刊》《能源杂志》《航空周刊》《建筑杂志》等传统媒体，通过互联网从事建筑、能源、航空、商业等专门的投资和信息服务。这三大教育出版集团认为，作为内容提供者，当然要开发一般大众市场，以满足广大读者的知识需求；但是同时也应该利用手中掌握的内容资源，进行深度的开发，以为专门的机构和投资者服务。而后一块业务的增值空间较大。

数字化时代的到来，为小批量、个性化的内容产品或服务的生产创造了条件。工业时代那种按照同一标准与规格进行大批量生产的大众产品之间的竞争，将逐步让位于差别化竞争、错位竞争和个性化竞争。与此同时，特殊用户服务市场的潜在规模将日益增大，并逐步超过一般大众市场。而且，内容产品的细分化将形成越来越多的特殊用户服务市场种类。这不仅为内容生产企业提供了大量新的市场机会，而且也开拓了新的更加个性化的业务领域。

在美期间，我总的感觉是，美国的大型出版集团非常重视这两个市场的综合开发和利用，以最大化自己的收益。麦格劳-希尔集团向我专门提供的一份材料，充分显示了其作为内容提供商把两个市场开发完美结合起来的理念和做法。这份材料的第一页开宗明义地写道："我们麦格劳-希尔集团，以深广的信息产品和服务，在人生各个阶段影响人们，帮助他们决策和进取。"麦格劳-希尔集团认为，全球经济发展的三大基础动力是知识需求、资本需求和透明度需求，而从产业革命到互联网革命，他们在广阔的市场层面，通过对个体和机构的帮助，填补各类主体信息和知识需求的空白。

这里，我们再具体地分析一下麦格劳-希尔是如何利用手中掌握的知识资源，努力开发好一般大众市场和特殊用户服务市场的。麦格劳-希尔的教育、金融服务、信息和传媒服务三个业务板块分别对应于知识需求、资本需求和透明度需求三个市场。教育板块主要满足一般大众对知识的需求，兼顾对特殊用户的专门需求。金融服务板块内的标准普尔专门为各类公司进行信用市场服务、信贷评级、风险化解和电子服务等，除此之外还为各类投资者提供美国、国际和全球的指数服务、投资单元顾问服务及网上统计和调研服务，还从事法人价值咨询。信息和传媒服务板块，除了商业周刊、商业周刊电视频道、在线商业周刊主要是为一般大众服务外，会议服务、展览服务及建筑、航空、能源等专门行业的信息服务则主要是面向机构的。例如，普拉茨公司（Platts）已经成为能源行业全面方案的提供者，每年提供客户的商品信息和分析的贸易额达100亿美元。而麦格劳-希尔建筑则通过网络为建筑承包商提供对地方建筑工作更快更容易的发现、追踪和投标能力。正是通过持之以恒的对两个市场的综合开发，麦格劳-希尔的经济一直保持着连续增长的势头。2001年是麦格劳-希尔连续第十年在收入和盈利方面持续增长的年份，收入额达46亿美元，较上年增长8.5%，每一股的收入也由上年的2.36美元增长到2.45美元，正常化的自由现汇以25%的流动率增长到3.45亿美元。

对照中国出版业的现状，我们与国际大型出版集团在这方面距离相差甚远。全国的出版主体，无论是集团还是单体出版社，我们面对的仍然是一般大众市场，我们中还鲜有人意识到如何利用手中掌握的内容资源和品牌，深入地开发各类信息，为各类特殊的机构和投资者服务，以获取更大的增值空间。中国出版业的发展要求我们不但关注知识的需求，同时也要关注资本的需求以及透明度的需求，在这个过程中建设起能满足这些需求的具有竞争力的主体。上海世纪出版集团成立三年多来，净资产已经增长了71%，但是下一步如果还要保持一个较高的增长速度的话，就必须完成从只关注一般大众市场到发展一般大众市场和发掘特殊用户服务市场并重的转变。因此，结合我们手中掌握的优势内容资源的现状，研究进入特殊用户服务市场的通路，对于上海世纪出版集团而言，已是当务之急。美国出版集团的实践还告诉我们，能否进入特殊用户服务市场的关键在于拥有多少品牌和自主知识产权的产品。

五、关于传媒集团的数字化建设

这次去美国考察，我的另一个十分深刻的印象是，无论是以电影电视为主体的传媒集团，还是以出版为主体的传媒集团，均把信息技术与互联网业务的开发和发展放在一个至关重要的位置。

在维亚康姆、培生和麦格劳-希尔，不仅所有的内容文本全部数字化了，而且各项业务已经全面地进入互联网领域，且步伐之快令人吃惊。例如，麦格劳-希尔集团去年开通的学习网（McGraw-Hill Learning Network），是一个为学前到12年级的学生提供在线服务的系统，它利用互联网的力量，促成教师、学生和家长之间从来没有过的合作。支持这个系统的是一个新开发的数字学习组合单元（Digital Learning Unit）。该单元能给学校带来以网络为依托的额外教学材料。麦格劳-希尔在教育方面另外新设计的一个服务项目，通过由网站或者在线项目提供，以及运用信息技术于教室的办法，满足教师培训日益增长的需求。麦格劳-希尔计划，在未来五年里，将有超过150万第一次执教的教师进入这里培训。至于把信息技术和互联网引入编辑出版领域，麦格劳-希尔在两年前开通的世界科技百科全书网站就已促成了几十名编辑、数百名作者和无数读者之间全面合作共同编写大型工具书的壮举。

在培生教育集团，该集团执行副总裁约翰·艾斯利（John C. Isley）先生也极其兴奋地向我们介绍了他们在互联网领域的最近进展，而且还不厌其烦地通过互联网向我们演示了网上教育课程。他们强调因为全美各地都需要一种可以让教师和学生一起参与的课程，因此过去两年培生教育集团大力发展网上课程业务。网上课程必须是互动的，这样可以吸引学生的注意力；它更应该是有弹性的，有的用户将其放在教室中使用，有的用于远程教育，有的可供学生在家中自学。具体的商业模式是，培生教育集团将课程卖给学校，学校付费，然后再由学校卖给学生，学生拿到密码后即可以进入网站学习。

不仅仅是在教育领域，这些传媒集团在其所有的业务领域均已深深卷入了互联网的浪潮。例如，麦格劳-希尔已全面开展 B2B 业务，在能源、建筑和航空领域，不仅提供信息，而且给出解决方案。在金融服务领域，它们充分利用信息技术使用户每周 7 天、每天 24 小时均可使用标准普尔的产品和服务。它们还与摩托罗拉和亚洲无线通信网（Asia Mobilenet）结成伙伴关系，启动了亚洲第一个移动金融服务项目，使机构和个体客户能够通过移动电话获得标准普尔的数据、分析和评论。

今年2月，麦格劳-希尔的董事会主席、总裁兼行政执行官哈罗德·麦格劳第三（Harold McGraw Ⅲ）在向股东会作2001年年度报告时，用了永远增长、永远领先、永远在场、永远开放、永远梦想、永远新鲜、永远专注、永远运转、永远创造九个“永远”来分别概括麦格劳-希尔在过去一年各个方面所取得的进步。仔细分析一下，可以看到所有这些进步无不是与数字化、网络化联系在一起的。

从今天的情况来看，内容供应商往往与一种特定技术紧紧相连——电视、印刷、电影、音响等。但未来的发展趋势将是内容服务与媒体相分离，内容供应将越来越独立。一批特定客户的需求不但由一系列各种品牌内容的服务所满足，而且每种服务都自由使用各种技术和媒体。这也就是说内容服务形式的扩大和媒体的互换性构成了一个以网络内容为中心的多媒体时代。因此，传媒集团的数字化是其基本生存的条件之一。

面对数字融合的浪潮及其将给整个文化传媒娱乐产业带来的巨大冲击和机遇，中国出版业的状态并不是十分积极的。这些年来，虽然中国出版业也在关注数字化的进程和互联网的发展，大多数的出版社均建立了自己的网站（网页），也有一些单位开始了内容文本的全面数字化工作，更有少数单位着手建设各类专门的数据库，以支撑编辑出版工作的开展。但总体来说，我们的这些工作还是初步的、表层的，我们还没有真正了解数字融合对文化产业发展的意义，因此还没有进入这一领域的紧迫感，以致前一阶段互联网经济的泡沫蒸发时，还有不少出版社庆幸自己没有开展这方面的工作。在这样的状况下，我们当然不可能像麦格劳-希尔、培生那样生产出自己的各类信息数字产品，开展大规模的电子商务业务，更谈不上全方位地卷入数字融合浪潮，进行业务融合了。

介绍这方面的情况，是想使中国出版业有识之士共同关心数字融合的趋势，共同关心文化产业发展的动向，并结合中国的实际情况，快速地进行数字化的工作，逐步跟上全球化的数字融合步伐，以在今后的国际竞争中不至处于被动挨打的地位。

六、关于资本市场的作用

资本市场在中国出版业未来的发展过程中将会起到什么样的作用，这是中国的出版集团近年来非常关心而却没有真正搞清楚的一个问题。中国的出版集团在短期内大规模地利用资本市场的条件和环境，现在看来当然还是不很成熟的，但是从文化产业长期发展的角度看，作为出版集团的高层管理者把这个问题搞清楚却是十分必要的。这次到美国考察，我想重点搞清楚的就是这个问题。

这次在美国重点考察的三个大型传媒集团——维亚康姆、培生和麦格劳-希尔均是上市公司。在纽约证券交易所，执行副总裁乔治斯·伍究（Georges Uyeux）先生告诉我，全世界大的传媒集团大都是上市公司，贝塔斯曼是个例外，但贝塔斯曼最近一直在与纽交所接触，筹划在三年后上市的事宜。[1]在维亚康姆、培生和麦格劳-希尔，我均向他们提出了一个相同的问题，那就是如何利用资本市场来发展自己，在资本市场上如何运作。维亚康姆的副总裁琼·尼古拉斯女士告诉我，维亚康姆高度重视资本市场的作用，雷石东先生亲自关注收购行动，集团内有一个部门由她负责，直接在首席财务官指导下关注市场上可并购的对象，随时作出分析，供首席执行官决策。同时下属各子公司也会在各自的领域内关心一些小的收购目标。在集团作出决策后，具体的收购兼并业务则委托投资银行来做。这些年来，维亚康姆之所以呈现出良好的发展势头，尤其

1 7月28日，本文初稿完成之日，突然传来德国贝塔斯曼首席执行官托马斯·米德尔霍夫离职的消息。在宣布米德尔霍夫离职的声明中，贝塔斯曼集团含蓄地解释其中的原因是米德尔霍夫与公司董事会存在分歧。互联网上的猜测是，分歧主要在贝塔斯曼的股份制改造和上市问题上，持有贝塔斯曼17%股份、贝塔斯曼基金58%股份的莫恩家族否定了米德尔霍夫在这方面的计划。

是今年6月上旬，其市值首次超过美国在线·时代华纳，成为全球最大的传媒集团，美国媒体普遍的评价是，维亚康姆通过一连串收购兼并、买进卖出，合理地调整了集团的业务结构，增强了自身的竞争力。经了解，从1999年到2002年，维亚康姆大的并购活动有12起。在交谈中，他们引以为自豪的是1998年他们以高出自身价值2倍的价格，将西蒙·舒斯特教育部门卖给了培生，1999年他们又成功地收购了哥伦比亚广播公司（CBS），由此很好地调整了自己的业务结构，加强了自己在广播影视娱乐部门的竞争力。当我问到并购的最初目的是什么，是为了股票升值抑或其他时，琼·尼古拉斯女士说：“并购当然是要平衡长期增长与现时利益，但是主要还是考虑业务整合和公司长期的发展。如有人建议我们买某一份报纸，尽管那份报纸眼前的盈利颇佳，但并购进来后对我们的业务发展没有什么大的作用，所以我们不打算买它。又如，还有一个项目，就是西班牙语节目，现在在美国很热门，做的人很多，其市场价格已超过了其自身的价值，我们也不打算购买。”总之，维亚康姆在资本市场上的活动范围仅限于在自己熟悉的领域，他们对自己从事的领域有信心。

在我的印象中，培生集团可能是资本市场上最活跃的传媒集团。从1998年到2002年，培生集团先后进行了9项收购活动和15项出售活动，涉及金额高达100多亿美元。麦格劳-希尔集团由于其自身就从事金融服务业务，并拥有全世界最重要的金融服务机构——标准普尔公司和最重要的指数——标准普尔500指数，所以其对资本市场有着另一种意义上的重视。我仔细地阅读了麦格劳-希尔2001年度报告，发现近年麦格劳-希尔集团一共进行了6次并购活动。例如，麦格劳-希尔集团教育出版公司兼并了梅菲尔德出版公司（Mayfield Publishing），使其在人文和社会科学日渐增长的市场上的高等教育服务对象获得扩展，而兼并法兰克·夏弗尔出版公司（Frank Schaffer Publishing）的结果，则是增加了教师辅助教材和其他辅助教材的出版力量，同时也减少了对课本采用周期的依赖。又如，标准普尔通过商定收购了位于莫斯科的EA评级（EA Rating）公司超过半数的股权，从而使其全球运转能力得到加强，加大了标准普尔这家全球最大的信用评级网的能力规模。而普拉茨这一世界上最大、最有权威的能源市场信息供应商，通过对FT能源公司（FT Energy）的兼并，明显加强了其在全球的领先地位和能力。麦格劳-希尔在2001年年度报告中是这样总结自己的并购行为的："通过收购和合并，我们在高速发展的领域增强了自己的能力。"

在美国考察资本市场的过程中，给我印象最深的是标准普尔的执行副总裁亨德里克·克兰伯格（Hendrik J. Kranenburg）所说的一句："标准普尔改变了美国资本市场的面貌。"听完这句话，我的第一反应是吃惊，后来仔细想想确实如此。因为证券市场上可交易的品种有股票、债券、可转换债券等等，但与其说人们在交易各种证券，还不如说是在交易各种证券背后的信息。因为正是形形色色的信息反映了证券发行者的动态或业绩，可以说，证券市场的核心就是信息披露。然而，证券市场上信息的不完全和信息的不对称总是客观存在的。在成熟市场上，弥补这种市场缺陷的一种方法是建立一套具有专业性和权威性的资信评估体系。在美国，标准普尔公司和穆迪公司（Moody’s Investor Service）是两家权威性的资信评估机构。它们对各种债券作出信用等级的评估并予以公布。事实上，全球金融界都把标准普尔和穆迪的评级视作考量债券优劣的最重要依据。标准普尔对股票市场也提供资信服务，主要形式有标准普尔500指数、股票分析和买卖建议以及对上市公司各种指标的评估。如同其他各行各业一样，证券市场的规范化发展有赖于一套评判标准的建立，而标准普尔和穆迪所做的就是在证券市场建立了一套可以信赖的标准。正是在这个意义上，标准普尔确实在改变美国资本市场的面貌。在今天美国上市公司丑闻频频出现的情况下，标准普尔的作用尤显重要。一家出版集团能在美国的资本市场上发挥如此重要的作用，实在令人震惊，其中有太多令我们思考的地方。

仔细地分析美国传媒娱乐业的收购兼并活动，有这样几点是值得我们注意的：

1. 传媒集团属于知识型公司（即将知识或智力资本作为公司主要资产），其利润主要来源于其创意和创新的商业化。它们仅仅拥有两种根本的价值来源：创新和公司运用在其商业化过程中的互补性商业资产。因此，在产业融合中，这类产业部门和企业将更多地通过市场化的兼并、收购和联盟等产权交易方式来利用互补性商业资产。

2. 美国传媒娱乐业的一系列兼并、收购和联盟活动仅仅靠银行贷款等间接金融是无法操作的，也难以借助于适合高科技创业的风险投资等手段，所以主要通过股票市场的资本运作来进行。

3. 公司上市及在证券市场的资本运作，可以有如下好处：首先可以获得实施兼并、收购和联盟的启动资金与后续资金，为进一步的经营提供必要的资金保证。其次，随着公司上市后无形资产的增值（知名度上升，公司规范化，国有公司转变为公众公司等），将对互补性商业资产形成更大的吸引力和凝聚力，有利于其开展兼并、收购和联盟活动。再则，凭借上市公司的声誉及其机制，可较为顺利地调整业务结构，迅速扩展核心业务，并以较高的价值转让非核心业务和以较低的成本“外包”业务。最后，通过证券市场的直接融资，扩大银行授信额度，带动企业间接融资，为实施跨行业兼并、收购和联盟提供多渠道的投融资保证。

在美国的访问中，我还就中国出版业人士对资本市场所关心的一些问题与美国同行进行了交流。

1. 传媒公司上市后原有的资本主体是否会丧失控制权。中国出版人对于出版集团上市的最大顾虑就是，上市后出版集团会丧失对这一意识形态阵地的控制权。而美国同行认为只要有好的结构设计，是不会产生这种失去控制权的情况的。摩根斯坦利的乔纳森·尼先生告诉我，在美国纽约交易所上市的报业公司总共有 15 家，其中 12 家为家族所控制，交易不多，只有甘尼特（Gannett）、先驱论坛报（Tribune）、道·琼斯（Dow Jones）三家有广泛的交易。《纽约时报》、《华盛顿邮报》等均为某一家族所控制，即便别人想高价购买，小股东想卖，他们也可以说不卖。因为在美国上市的大部分传媒公司，股票都分为 A、B 两类。一类是有投票权股，另一类是无投票权股。一些由家族控制的传媒上市公司为了防止因为融资而动摇其家族的控制权，抛出的往往都是无投票权的股票，而自己则牢牢握有有投票权的股票，这样就能保持对传媒公司的绝对控股权。例如，维亚康姆的董事长雷石东的家族控制了该集团67%的有投票权股。所以他经常说："维亚康姆就是我，我就是维亚康姆，这种婚姻是永恒的，直到海枯石烂。"也就是说，只要雷石东愿意经营这个公司，他想干多久都行。我认为，美国股票市场上的这类A、B结构方式值得我们借鉴。我们是否也可在某些特种类型的企业股票中设计有投票权股与非投票权股。这样的好处是，我们可以通过掌握有投票权的股份来牢牢控制住媒体，以确保其政治导向的不偏，另一方面又可以部分上市，利用资本市场来发展自己。

2. 不要神化资本市场上收购兼并的作用。美国的同行告诉我们，资本市场上的兼并收购活动确实是美国传媒集团发展壮大的一种主要形式，而且它对于传媒集团业务结构调整和核心竞争力的形成起到了巨大的作用。但是也不能过高估计资本市场的作用。美国维亚康姆的副总裁琼·尼古拉斯女士就对我说过：不要看到维亚康姆的收购兼并活动十分成功，就以为并购活动是灵丹妙约，实际上美国传媒业相当一部分并购活动是失败的，收购兼并仅仅是产业融合中的一种机制。此话说得何其好也。这些年来业内在批评我们已经组建的出版集团时，总是说这些集团是通过行政手段而非市场并购组合起来的，所以它们是不会成功的。所有的事情都要讲辩证法。中国的出版集团是在特定的历史条件下产生的，在它成立之初，通过行政手段来推动是不可避免的，也是必要的，我们很难想象，不通过此种手段，在目前的体制和市场环境下能发育出一个大型集团。问题的关键在于出版集团成立后要借鉴现代企业制度，按照市场经济的法则和要求进行运作。中国组建的这些出版集团中肯定有一些会是不成功的，但是我也不同意所谓“十个集团九个空，还有一个不成功”的说法。这不符合辩证法。

3. 关于企业发展的路径。一个企业发展的路径无非是两种：一是通过并购方式发展壮大，二是通过内生的发展逐步壮大。在中国出版业，前一种路径又叫做横向联合的方式，即在出版社与出版社，出版社与书店、印刷厂，乃至出版社与其他媒体之间，通过行政的推动、资产和业务的重组形成一个规模较大的集团；后一种路径则叫做纵向发展或称为内涵式发展的方式，即指一些大社名社依靠自身的力量分化出若干子公司而形成集团。可能是由于行政推动方式的过渡性所导致各地的集团均程度不同地存在一些问题，也可能是由于局社分开后所带来的关系还有待理顺，更可能是因为组建集团过程中所带来的重大的利益调整，所以业内更多的人士私下表示的均是对组建集团的担忧，主张通过内涵式扩张的路径来发展。这种担忧、这种主张或许不是完全没有理由和根据的，但是从美国传媒娱乐业企业集团发展的实践来看，我们对这两种路径的理解过于片面。尽管美国的传媒集团无一例外地是通过收购兼并的横向方式成长起来的，但是每一次收购兼并成功与否的标志则是它能否通过资产和业务的重组导致内生的发展。

美国在线和时代华纳的合并现在之所以被普遍认为不成功，就是在于经过两年的重组未能促成其内生的发展，最终导致其市值大幅度下跌。所以这两条路径实际上是你中有我，我中有你，不应该绝对地把它们分开甚至对立化。另外，对于内生式发展的路径要给予恰如其分的评价。要看到世界上没有纯粹的通过自身的发展而成为大公司的。在现代市场经济中，任何企业要成为大公司均离不开并购行为，这也为全球的经济现实所证明。诺贝尔经济学奖获得者乔治·施蒂格勒（George J. Stigler）有一句名言似可供我们参考："没有一个大公司不是通过某种程度某种方式的兼并收购而成长起来的，几乎没有一家大公司主要靠内部扩张成长起来的。"[1]

江泽民同志在"5·31"讲话中指出："纵观全局，21

---

1 参见乔治·T. 盖斯、乔治·S. 盖斯：《并购成长》，中国财政经济出版社 2002 年版。

世纪头一二十年，对我国来说，是必须紧紧抓住而且可以大有作为的重要战略机遇期”。今后的一二十年，随着中国更深地融入全球经济活动中去和信息技术的飞速发展，对中国出版业来说，存在着巨大的发展机遇，如何按照江泽民同志的要求紧紧地抓住发展机遇，是摆在中国出版人面前的重要任务。因此，观察世界出版业发展变化的走势，把握其发展趋势就显得格外重要。正是出于这种认识，我将这次赴美考察六个方面的情况和体会用文字的形式记录下来公布出来，供同行们参考，不对的地方衷心希望大家提出宝贵的意见和尖锐的批评。只要我们时时把握国际出版业的动向和走势，熟悉出版产业运作的规律，掌握信息时代的各种技术，我们就一定能不断地壮大中国出版产业，并把中国的出版工作提高到一个新的水平。

2002 年 7 月 28 日一稿

2002 年 8 月 4 日二稿

论数字化条件下的出版集团建设*

20 世纪 90 年代后期起，中国出版业由于自身发展的需要和迎接入世后的挑战，开始了组建集团的探索和实践。多年以来，我们已经在体制改革和机制转化方面进行了诸多的尝试，积累了初步的经验，形成了新的运营模式。但是，值得我们注意的是，从技术的层面看，中国的出版集团建设发生在信息技术日新月异、数字化和网络化迅猛发展的背景下，因此，在继续推进制度创新的同时，认真研究数字化条件下的集团建设变得十分重要。本文拟就此谈

---

* 本文原载《编辑之友》2003 年第 1 期。

一些初步认识。

一、信息技术、数字化与内容提供、文化创新

信息技术产业自诞生之日起，经过长期发展，已经历了以系统为中心和以个人电脑为中心两个重要阶段，现正处于以网络为中心的阶段。在不同的产业发展阶段，其主要技术、主导原理、产品重点、主要顾客以及供应商结构等都是完全不同的。例如在以系统为中心的阶段，其主要技术是晶体管技术，主导原理是格罗施法则（计算机的处理能力以成本的平方速度增加），专用系统是重点，以及纵向的供应商结构；在以个人电脑为中心的阶段，其主要技术是微处理机技术，主导原理是摩尔定律（半导体性能每两年提高一倍），标准微机产品是重点，以及横向计算机价值链的供应商结构等；在以网络为中心的阶段，其主要技术是通信带宽技术，主导原理是梅特卡夫法则（网络的价值将随用户数量的增加而呈指数级增加），外部网络成为关

注点，网络服务成为重点。[1]

这三个产业发展阶段实际上只是完成了硬件及其信息基础结构的建设，其演变并未到此终止。一旦全球信息基础结构安排就绪，数字化时代的真正到来，这个产业的中心将转变为充分利用该基础结构，强调服务的内容和应用。这个以服务内容为中心的阶段，标志着确实走向一个真正信息社会的开始。尽管目前总体上仍处于以网络为中心的发展阶段，但在现有互联网基础上，服务内容和应用的重要性已经充分显现，并开始逐步发展起来。因为网络的内容将开始成为一种稀缺商品。与其他稀缺商品不同，网络内容的开发具有几乎无限种类的可能性，并不受制于投资收益递减规律。[2] 正是在数字化和网络化的背景下，传统的产业标准分类被新的产业标准分类所替代，内容产业脱颖而出。

---

1 2 参见戴维·莫斯拉：《权力的浪潮——全球信息技术的发展与前景》，社会科学文献出版社 2002 年版。

尽管数字化和互联网的发展催生了内容产业，但文化企业、大型传媒集团顺应这一趋势，通过收购兼并等手段及时进行转型与实践，则是促成内容产业发展的重要因素。20世纪90年代中期以来，国际传媒娱乐业经历了一次大规模的收购和兼并浪潮，其最终结果便是一批多元经营的大型集团转变为以内容提供为主的大型传媒集团。今年6月我在美国考察期间，我所接触的所有大型传媒集团均把自己的角色定位为内容提供，致力于通过各种方式进行文化创新，向市场提供更多的信息文化产品。对于文化创新，过去我们的理解往往过于简单。例如，在出版业我们述及图书出版的创新时，往往强调的是对学术的贡献，由此常常要求注重单本原创图书的出版。其实，单本学术图书的创新主体并不是出版社，而是学者，出版社在其间的作用仅仅体现在这一创新活动的某一个环节即编辑出版上。作为内容提供者，出版社应该成为创新活动的主导者和组织者。从这一目标出发，我们不仅需要对各类学术文化创新活动进行前瞻性的规划和组织，并把它转化为市场所能够接受的形式，而且更需要从市场出发，从读者需求出发，进行大规模的文化创新活动，向读者提供更多的文化产品。综观国际出版集团近年来的实践，我们清楚地看到，至少在教材出版、工具书编纂和畅销书组织这三个领域，最重要的创新主体是出版者。美国麦格劳-希尔出版集团、培生教育出版集团在教科书和工具书的编辑出版过程中所表现出来的创新精神令世人所称道。然而，中国出版业的情况则不尽理想，我们在这三个领域均没有起到创新主体的作用，而仅仅是创新活动的一个环节而已。例如，我们在教材的编写上主要依靠教委，双语词典的出版依赖于引进，而对畅销书的组织策划在有些地方出现了依靠工作室的现象。这种情况任其发展下去是非常危险的。这方面，中国音像出版业的发展过程是有教训可以吸取的。

上世纪 90 年初，中国音像业大量引进外国流行音乐节目，虽然在短期内使中国音像业的产值有了较大幅度的上升，但是，在引进的同时，我们不注意培养自身的音乐原创能力，又缺乏对文化资源开发、产业发展路径的基本了解，以致今天在盗版猖獗、入世后国际五大唱片集团控制音乐节目资源、漫天要价的情况下处于举步维艰的困境。

作为内容提供者，在进行文化创新的过程中，从产业的角度看，特别重要的有两点：一是要在市场上形成各种品牌，内容主要是通过品牌来占领市场、赢得读者的。因为内容产品的竞争是一种智力竞争，这种品牌驱动的战略至关重要。二是要拥有自主知识产权，而只有成为文化创新的组织者和主导者，才能拥有自主知识产权。20 世纪 90 年代国际传媒集团的收购兼并浪潮无一不是围绕着品牌和知识产权而展开的，而它们在全世界市场的扩张也无不是通过品牌来进行的。

二、数字融合基础上的业务融合

数字融合进程的加速，内容产业的扩张，势必要求各传媒集团对传统的业务进行整合，事实上今天的美国内容产业正在酝酿着一场数字融合基础上的业务融合风暴。

我们不妨看一下美国最大的出版集团之一麦格劳-希尔集团的业务结构。作为一家传统的出版集团，经过长期的发展，麦格劳-希尔的业务目前主要包括三个部分：（1）教育，主要出版从幼儿园到高等教育的各类各学科的教材，还包括职业培训方面的教材。目前在全美教育图书市场上，麦格劳-希尔教育是仅次于培生教育的第二大教育出版商。（2）金融服务，拥有全世界最著名的资信评估机构——标准普尔，并在全球有25个分支机构。经过几十年的发展，标准普尔通过制定标准和为金融决策者提供值得信赖的分析报告为全球金融市场服务，能够向全世界的投资者每月、每周、每天、每时每刻提供网络和网络以外的金融信息服务。（3）信息和媒体服务，主要包括四家电视台、商业周刊等近20家期刊和多家信息咨询公司，其业务不仅包括媒体内容提供，还包括会议服务和行业信息服务等。比如，它们充分利用商业周刊的品牌，每年在全球要召开各类专门会议。它们还利用长期建设起来的各类数据库和信息库举办各种展览，例如全球的许多航空、能源、建筑、信息展均是麦格劳-希尔主办的。

一个传统的出版企业怎么会形成如此一个包括金融服务和信息服务的业务结构，而这些业务与出版之间究竟有没有互动的关系？对此，麦格劳-希尔集团的回答是，这三大块业务之间有较强的互动性，早期的金融信息服务是出版者做的，被看作是出版市场的一部分，而今天互联网的发展，则使出版与金融服务结合得更为紧密。因为二者都是收集信息和资料，有某种共同性。在数字化的背景下，出版集团既做金融又做出版，需要运用高技术，两部分可以用一个平台来开发；做金融服务，必须搜集很多信息，而这些金融信息整理后可以用于出版。至于信息和媒体服务与出版的互动性则更是显而易见的。

原先完全属于不同行业的业务融合而成的新型结构，是内容产业发展中的一个新现象和新事物，具有很大的发展潜力。我们不能用传统工业时代的产业划分和产业关联理论来看待这一新型的业务融合，而要从信息化进程中数字融合基础上产业融合的新视角来解释其合理性。

在传统工业化进程中，技术进步大多发生在本产业边界内部而不是发生在各产业边界，因此工业技术的每一步发展，尽管细节上千差万别，但都有利于形成新的产业分工和强化产业分工。以出版、广播电视和电信为例，这三大产业从其产出的内容同一性来讲，都是提供信息服务。但与许多产业部门一样，过去的出版、广播电视、电信是分别独立的，存在明显的产业边界特征。

1. 三大产业部门使用的技术是各自独立的，有其特定的技术及其设备，并按照特定的技术标准提供信息服务内容。

2. 三大产业部门分别提供不同产品和服务，并通过其特定的流通渠道与流转环节形成各自不同的价值链。出版活动大都限于纸张实物分销的形式，电信方面由一个纵向一体化的垄断实体提供端对端的服务，广播电视系统也自成体系。

3. 三大产业部门之间是一种纵向一体化的市场结构，有各自分割的市场领地，处于非竞争关系之中。竞争只是发生在同一部门内不同企业之间。

4. 三大产业部门在以不同方式提供信息服务内容时，都有其各自的行动准则与规范。

在传统产业分立的情况下，三大产业部门中也曾有过一些大公司从传统经营角度追求不同业务的融合，但这些业务融合最终大都以失败告终。究其原因就在于缺乏技术融合的基础。在没有相应技术融合的基础上，所实行的纵向一体化业务融合是强行拼凑的，被称为“死尸的融合”。

然而随着数字技术的发展，特别是计算机技术和网络技术发展殊途同归，走向 IP 技术融合，不仅使语音与数据可以融合，而且使不同形式的媒体彼此之间的互换性和互联性得到加强。这样，无论是照片、音乐、文件、视频还是对话，都可以通过同一种终端机和网络传送及显示，从而使语音广播、电视、电影、照片、报纸、图书、杂志以及电子货币等信息内容融合为一种应用或服务方式。也就是说，数字技术把这些部门带到一起，所有这些部门都越来越围绕使用 1 和 0 作为其信息编码的思想。而在此前只有计算机业是真正数字化的，其他部门主要使用模拟或具体媒体格式。当所有这些部门都越来越走向一个共同的数字基础时，这些部门现在就能以一种以前根本不可能的方式相互交往了。此外，数字化也大大丰富了人类在网络上联络交流的渠道和方式，由家庭到办公室各种网络信息和信息设备之间的互动性、互用性和连接性均有所提高。

这一现象现在被称为“数字融合”，其实质不只是改变了获得信息的时间和空间及其成本，更主要的是其技术进步发生在各产业边界处，为产业融合和业务融合提供了重要的技术支撑。

由于信息技术的广泛运用及其生产方式的根本转变，打破了各种产业边界，导致产业之间更多的相互渗透和融合，并使与买卖双方密切相关的市场区域概念已转变为市场空间概念。传统厂商观念中的“有明确范围的竞争”，也将被一个纵横相交的更加广泛的概念所替代。这些相关活动的协调，既有竞争，又有合作；既在传统市场之内，又在传统市场之外。

例如，在数字技术融合的基础上，服务内容与应用的业务融合不断涌现出来。电视、音乐、报纸、杂志、体育及所有其他娱乐形式都使用同样的混合多媒体技术进入互联网。在其原有媒体上完全不同的产品在互联网上看起来往往都类似。另外，受单位容量扩大的影响也会使服务内容发生结构重组。万维网可提供实际上无限的数字频谱，并消除印刷、邮资与分发成本，大大降低了准入壁垒，从而使服务内容制作大大增加。多媒体经营者与产品，以及新的订购与广告规定及编辑手续的出现，可能导致一个机构大大重组的全球内容服务业。

在数字融合基础上实现的传媒娱乐业各个产业之间的融合，突破了产业分工的限制，使电信、媒体和信息技术部门得以寻求交叉产品、交叉平台以及收益共享的交叉部门，从而导致资源在更大范围内得以合理配置。同时，它也给企业界的经营活动带来了巨大的新的商机。

在现实中，全球的各大传媒集团正在迎接数字融合所将带来的业务融合。它们正通过技术提升来寻找发展其传统服务业务领域和拓展新的内容服务的机会。例如，培生、麦格劳–希尔、汤姆森世界三大教育出版集团向教育领域的大规模渗透，利用信息技术在金融服务领域大规模扩张，通过 B2B 所进行的大规模的全面的信息服务，以及利用数字电视所启动的对个人理财活动的报道，这些无不预示着数字融合基础上的业务融合和产业融合时代即将来临。

需要说明的是，这种业务融合带来的业务结构的多元化，是新型的横向一体化的业务结构安排。尽管其内容不同（按传统观点，甚至是不同行业的内容），但其生产对象的实体是同一的（信息、服务），其技术手段是同一的（数字化技术），其运作平台也是同一的（互联网络）。因此，这种业务融合具有很强的资源整合性，人员和机构间的协同性，业务之间的互动性。显然，这与所谓跨行业经营的多元化，在性质上是完全不同的。那种一谈多元化发展就主张进入房地产、旅游、宾馆等领域的做法已经被实践证明是可笑的。因为它们生产对象的实体、技术手段及运作平台都是完全不同、相互分割的，其资源无法有机整合，人员和机构间不能协同，不同业务之间无法融合起来。在数字化时代，内容产业中的大企业集团应该倡导的是这种业务融合的合理结构，强调的是各种内容资源经营开发的多元化。

还需要说明的是，在集团发展的过程中，即便是在内容产业的范围内考虑业务结构的多元化，也还是要注意形成核心产业和主打产品。因为，业务融合的结构安排不是削弱专业化程度，而是要求更精细的专业化运作，以形成核心业务和拳头产品。过快地进行多元化经营，势必造成主业不强、多角经营，整体业务规模很大却又形成不了规模效益的局面。应该看到专业化经营是多元化经营的基础，一个合理的多元业务结构的形成必须从专业化做起。

三、一般大众市场与特殊用户服务市场

随着数字化时代的到来，内容产业的市场发生了显著的变化，在一般大众市场旁边逐步发育出一个特殊用户服

务市场。所谓特殊用户服务市场的对象是指较之一般读者而言具有更加专业的知识和信息需求的机构和个人。

发达国家的传媒集团十分重视对特殊用户服务市场的开拓。例如，培生、麦格劳-希尔和汤姆森的业务结构中均有金融服务这一板块，而且其收入还占了集团总收入中相当大的份额。不仅如此，这三大教育出版集团还深深地卷入教育服务领域，设立各种类型的考试中心、培训中心、在线服务中心，提供专门的教育服务。麦格劳-希尔更是把原来以期刊为主的传媒公司改造成信息及传媒服务集团，依托原有的《商业周刊》《能源杂志》《航空周刊》《建筑杂志》等传统媒体，通过互联网从事建筑、能源、航空、商业等专门的投资和信息服务。这三大教育出版集团认为，作为内容提供者，当然要开发一般大众市场，以满足广大读者的知识需求；但是同时也应该利用手中掌握的内容资源，进行深度的开发，以为专门的机构和投资者服务。而后一块业务的增值空间较大。

数字化时代的到来，为小批量、个性化的内容产品或服务的生产创造了条件。工业时代那种按照同一标准和规格进行大批量生产的大众产品之间的竞争，将逐步让位于差别化竞争、错位竞争和个性化竞争。与此同时，特殊用户服务市场的潜在规模将日益增大，并逐步赶上一般大众市场。而且，内容产品的细分化将形成越来越多的特殊用户服务市场种类。这不仅为内容生产企业提供了大量新的市场机会，而且也开拓了新的更加个性化的业务领域。

在数字化时代，如何通过对一般大众市场和特殊用户服务市场的综合开发和利用，以最大化自己的收益，是急待解决的问题。麦格劳-希尔集团在其2001年年度报告中，充分显示了其作为内容提供商把两个市场开发完美结合起来的理念和做法。这份材料的第一页开宗明义地写道："我们麦格劳-希尔集团，以深广的信息产品和服务，在人生各个阶段影响人们，帮助他们决策和进取。"麦格劳-希尔集团认为，全球经济发展的三大基础动力是知识需求、资本需求和透明度需求，而从产业革命到互联网革命，他们在广阔的市场层面，通过对个体和机构的帮助，填补各类主体信息和知识需求的空白。

这里，我们再具体地分析一下麦格劳-希尔是如何利用手中掌握的知识资源，努力开发好一般大众市场和特殊用户服务市场的。麦格劳-希尔的教育、金融服务、信息和传媒服务三个业务板块分别对应于知识需求、资本需求和透明度需求三个市场。教育板块主要满足一般大众对知识的需求，兼顾对特殊用户的专门需求。金融服务板块内的标准普尔公司专门为各类公司进行信用市场服务、信贷评级、风险化解和电子服务等，除此之外还为各类投资者提供美国、国际和全球的指数服务、投资单元顾问服务及网上统计和调研服务，还从事法人价值咨询。信息和传媒服务板块，除了商业周刊、商业周刊电视频道、在线商业周刊主要是为一般大众服务外，会议服务、展览服务及建筑、航空、能源等专门行业的信息服务则主要是面向机构的。例如，普拉茨公司（Platts）已经成为能源行业全面方案的提供者，每年提供客户的商品信息和分析的贸易额达 100 亿美元。而麦格劳-希尔建筑则通过网络为建筑承包商提供对地方建筑工作更快更容易的发现、追踪和投标能力。正是通过持之以恒的对两个市场的综合开发，麦格劳-希尔的经济一直保持着连续增长的势头。

对照中国出版业的现状，我们与国际大型出版集团在这方面距离相差甚远。全国的出版主体，无论是集团还是单体出版社，我们面对的仍然是一般大众市场，我们中还鲜有人意识到如何利用手中掌握的内容资源和品牌，深入地开发各类信息，为各类特殊的机构和投资者服务，以获取更大的增值空间。中国出版业的发展要求我们不但关注知识的需求，同时也要关注资本的需求以及透明度的需求，在这个过程中建设起能满足这些需求的具有竞争力的主体。此外，需要提及的是，能否进入特殊用户服务市场的关键在于拥有多少品牌和自主知识产权的产品。

四、出版集团的数字化建设

随着数字化时代的到来，全球所有的大型出版集团均把信息技术与互联网业务的开发和发展放在一个至关重要的位置，不仅所有的内容文本全部数字化了，内部管理建立了 ERP 系统，而且各项业务已经全面地进入互联网领域，且步伐之快令人吃惊。

例如，麦格劳-希尔集团去年开通的学习网（McGraw-Hill Learning Network），是一个为学前到 12 年级的学生提供在线服务的系统，它利用互联网的力量，促成教师、学生和家长之间从来没有过的合作。支持这个系统的是一个新开发的数字学习组合单元（Digital Learning Unit）。该单元能给学校带来以网络为依托的额外教学材料。麦格劳-希尔在教育方面另外新设计的一个服务项目，通过由网站或者在线项目提供，以及运用信息技术于教室的办法，满足教师培训日益增长的需求。麦格劳-希尔计划，在未来五年里，将有超过 150 万第一次执教的教师进入这里培训。至于把信息技术和互联网引入编辑出版领域，麦格劳-希尔在两年前开通的世界科技百科全书网站就已促成了几十名编辑、数百名作者和无数读者之间全面合作共同编写大型工具书的壮举。

不仅仅是在教育领域，麦格劳–希尔在其所有的业务领域均已深深卷入了互联网的浪潮。麦格劳–希尔已全面开展 B2B 业务，在能源、建筑和航空领域，不仅提供信息，而且给出解决方案。在金融服务领域，它们充分利用信息技术使用户每周 7 天、每天 24 小时均可使用标准普尔的产品和服务。它们还与摩托罗拉和亚洲无线通信网（Asia Mobilenet）结成伙伴关系，启动了亚洲第一个移动金融服务项目，使机构和个体客户能够通过移动电话获得标准普尔的数据、分析和评论。

今年 2 月，麦格劳–希尔的董事会主席、总裁兼行政执行官哈罗德·麦格劳第三（Harold McGraw Ⅲ）在向股东会作 2001 年年度报告时，用了永远增长、永远领先、永远在场、永远开放、永远梦想、永远新鲜、永远专注、永远运转、永远创造九个“永远”来分别概括麦格劳–希尔在过去一年各个方面所取得的进步。仔细分析一下，可以看到所有这些进步无不是与数字化、网络化联系在一起的。

从今天的情况来看，内容供应商往往与一种特定技术紧紧相连——电视、印刷、电影、音响等。但未来的发展趋势将是内容服务与媒体相分离，内容供应将越来越独立。一批特定客户的需求不但由一系列各种品牌内容的服务所满足，而且每种服务都自由使用各种技术和媒体。这也就是说内容服务形式的扩大和媒体的互换性构成了一个以网络内容为中心的多媒体时代。因此，传媒集团的数字化是其基本生存的条件之一。

面对数字融合的浪潮及其将给整个文化传媒娱乐产业带来的巨大冲击和机遇，中国出版业的状态并不是十分积极的。这些年来，虽然中国出版业也在关注数字化的进程和互联网的发展，大多数的出版社均建立了自己的网站（网页），也有一些单位开始了内容文本的全面数字化工作，着手建立管理的ERP系统，更有少数单位着手建设各类专门的数据库，以支撑编辑出版工作的开展。但总体来说，我们的这些工作还是初步的、表层的，我们还没有真正了解数字融合对文化产业发展的意义，因此还没有进入这一领域的紧迫感，以致前一阶段互联网经济的泡沫蒸发时，还有不少出版社庆幸自己没有开展这方面的工作。在这样的状况下，我们当然不可能像麦格劳-希尔那样生产出自己的各类信息数字产品，开展大规模的电子商务业务，更谈不上全方位地卷入数字融合浪潮，进行业务融合了。因此，充分认识数字化建设的极端重要性，关心数字融合的趋势，并结合中国的实际情况，快速地进行数字化的工作，逐步跟上全球化的数字融合步伐，是中国出版集团建设中非常重要的一个方面。

经济学家认为，从技术的层面来说，一国的经济发展决定于生产要素、产业结构和技术创新。其中最重要的是技术创新，因为前两者都决定于后者。技术创新在不同的发展阶段其来源可以不一样。发展中国家既可以和发达国家一样，投入大量的资金、人力来研发新技术以取得技术创新；也可以通过从发达国家引进先进技术来达到技术“创新”。前一种方式一般投入非常大，风险也非常大。而靠引进技术的发展中国家技术变迁的成本则远远低于发达国家。发展中国家的“后发优势”主要体现于此。[1]虽然，今天我们与发达国家大型出版集团在信息化技术、数字化、网络化上的差距异常之大，但是，只要我们正确地把握数字化时代文化产业发展的方向，全面地理解数字融合所带来的巨大机遇，充分地发挥“后发优势”，通过引进技术的方式，加速数字化变迁的过程，努力地改造业务结构和市场结构，就完全有可能在不长的时间内，花费比较小的成本，迅速地赶上国际大型出版集团的数字化步伐，创造出更多的数字化内容产品，以在今后的国际竞争中处于主动的地位。

道路就在前面，我们应为之而努力。

---

1 参见林毅夫：《后发国家究竟是有优势还是劣势》，《中国经营报》2002 年 8 月 29 日。

一样的斜坡　一样的爬涉*

——美国数字出版考察报告

中宣部组织的全国宣传文化系统“四个一批”出版人才赴美考察团一行11人，由我带队于2007年10月21日至11月2日访问了美国9家大型国际出版传媒集团和IT企业。它们是：尼尔森国际传媒集团公司、约翰·威立-布莱克维尔出版集团公司、麦格劳-希尔教育出版集团公司、培生教育出版集团公司、哈珀·柯林斯出版集团公司、桦榭出版集团美国公司、牛津大学出版社纽约公司、圣智教育出版集团公司（原汤姆森学习出版集团）、谷歌公司

---

* 本文原载《中国新闻出版报》2008年1月3日。

硅谷总部及纽约研发基地。出访前我们对这些企业的数字化进程与业务创新特色做了初步的了解，又进行了一些沟通，提前发出十几道贴近各公司主流业务数字化的理论和现实问题。这次访问引起了美国这些公司高层管理者的高度重视。一方面缘于这是中国出版界赴美的一次重要访问，另一方面更能掣动他们的是双方对数字出版怀有同样的热情、同样的困惑，我们面前是一样的斜坡，需要一样的攀爬。因此，代表团所到之处，不仅受到高规格的接待，而且就当下数字出版的现状与趋势、观念与技术、战略布局与运营格局、盈利模式与竞争优势等话题与这些著名出版企业的高层管理者进行了务实的讨论。这些讨论直奔主题，不拘形式，是一次次平等的、有质量的、聚焦的、有深度的主题交流，也是一场场高层次、高水平、无缝隙的职业峰会。同时我们还参观了这些企业的数字化研究、开发的作业现场，体验了文化创意企业的组织、流程与运作风貌。这次考察还增进了我们与这些大型跨国出版机构的相互了解和友谊，酝酿了一些合作意向，为未来数字出版的国际合作开辟了新的通路。现将我们这次考察的有关情况和思考总结如下。

一、美国出版集团的数字化进程

国际出版产业的数字化实践大概已经有 10 多年的历史了，但是对于什么是数字出版仍然没有公认的定义。我们这次访问的 9 家公司对此也有着不同的认识和理解。美国的同行也不时反问我们对数字出版的定义。我们对数字出版特征的理解是：（1）具有数字技术记录、储存、呈现、检索、传播、交易的特点；（2）具有在网络上运营，实现即时互动、在线搜索等功能，具有创造、合作和分享的特性；（3）能够满足大规模定制这一个性化服务的需要。美国同行大体同意我们对数字出版特点的概括。

对于出版产业而言，数字技术的迅猛发展，网络的快速普及，并不是简单地宣告印刷时代的终结、数字时代的开启，而是伴随着一个相当长的纸质与电子、印刷与数字共生的过渡时期。过渡时期，传统出版与数字出版复杂的冲突、博弈、共生考验着出版人的商业洞察力、战略决断力、技术行动力。这是一道产业转身的“斜坡”，我们无法准确地预言斜坡有多长，斜坡有多斜。谷歌公司的全球政策及政府关系总监、原哈佛大学教授孟安儒（Andrew Mclaughlin）向我们描述了在过去的十年间以及未来的十到二十年内，知识的数字化与网络化如何改造或改变我们的学习、工作和生活，导致了剧烈的“转身”，我们每个人都将由信息（文化）的接受者变成创造者，从分享者变成信息生产、传播的合作者和销售者，由倾听者变成讲述者，变成多媒体合成师，成为我们这个“文化鸡尾酒”时代的“调酒师”。

在与美国同行的交流中，许多职业出版人对于过渡期的时段、特征、新旧出版的胶着关系议论很多，他们大多对传统出版怀有虔敬和依恋，不同意英国经济学家查尔斯·汉迪关于出版业快速地“去物质化”（数字化）、“去中介化”（去编辑化）的残酷预言。牛津大学出版社美国公司副总裁施艾文（Evan Schnittman）对此斩钉截铁地说道："在讨论数字出版时，我们应该明白，传统出版不会消失，它只是改变了形态；与其说人们喜欢技术，不如说人们更喜欢读书本身。"他还说道，出版商的作用并不仅仅是一个平台，出版商创造内容和编辑内容，并使读者能够得到内容；平台并不重要，重要的是内容。

但是，美国的出版集团无一例外地均高度重视数字技术的运用，对网络化生存保持高度的敏感，积极地推进着数字出版的进程。在美国考察期间，我们深深地感受到这一点。我们所访问的8家出版集团均倾全力建设数字化的基础设施，不仅早已完成了文本的数字化，建立了数字化的图书仓库，把已经出版的图书转换成PDF格式放到网上，把已经出版的期刊转换成FLASH格式放到网上，而且还普遍建立了各种类型的大型数据库和在线编辑平台、在线教育平台以及各种数字产品和工具。同时，我们也发现由于各种类型出版集团的业务领域的差异，以网络化为特征的美国数字出版业务的进展呈现出分层的变化。

1. 网络营销：利用网络和数据库推动传统出版的发展，实现纸质图书市场的扩容，达到业绩提升、服务改进、顾客满意度提升的目的。在这里网络是作为传统出版营销升级的工具。大众出版领域的出版公司数字化业务目前主要集中在这一方面。如哈珀·柯林斯出版集团公司的全球总裁布莱恩·默里（Brian Murray）向我们介绍说，他们是全球最早进行数字化转型的大众图书出版公司。两年前他们启动了创建图书数字仓库的工作，有30家IT企业愿意与他们合作。《华尔街日报》还专门报道了这件事情。他们选择了Newstand来进行合作，并为此拥有了Newstand 10%的股份。Newstand根据哈珀·柯林斯的要求建造了数据库，测试了英语、法语、中文等不同的语言。建立图书数据库是为了便于顾客在网上进行搜索。在图书数据库中图书被分割成不同页面，可以让谷歌、雅虎和亚马逊等进行搜索，同时让读者在哈珀·柯林斯网站上进行浏览。目前哈珀·柯林斯图书数据库中大约有12000种图书，他们还在不断地把老的品种数字化后放进数据库。哈珀·柯林斯的调查发现，让读者浏览图书网页，可以使图书销售量上升6%—10%。当然，大众图书出版公司目前在数字化业务方面的营收增值并不多，哈珀·柯林斯的数字化收入也仅占到整个公司营收的1%。

2. 网络运营：主要在网络平台上经营内容资源，创造出新的成本—营收模型，实现运营的最优化、效益的最大化，并形成可持续盈利的商业模式。在这里网络是作为内容产业的生产经营平台。目前在网络运营上做得比较成功的是专业期刊、图书和大型品牌工具书的出版公司。如约翰·威立-布莱克维尔出版集团在我们看来是目前在网络运营方面做得最成功的企业之一。约翰·威立的Interscience是科学、技术、医学和学术出版方面的在线平台。目前这个平台有将近500种期刊、33种回溯文档集、3200种在线图书、83种参考工具书、13个数据库和15种实验室指南。随着约翰·威立成功地并购布莱克维尔，目前它们最大的一项工作就是将威立和布莱克维尔两个在线平台整合起来，预计到2009年会提供全新的在线平台，这一平台将保留目前威立 Interscience 和布莱克维尔 Synergy 优势的界面和功能，同时会在线提供 1300 多种期刊和 5000 多种图书以及众多的参考工具书、数据库和实验室指南。在约翰·威立的营收中，大约有 70%的期刊收入来自在线期刊，10%的图书收入来自在线图书；而如果按照出版领域分，大约 STM 和学术部分 50%收入来自在线，高教与大众两个部分各有 10%的收入来自在线。在专业出版领域，建立在海量内容基础上的在线服务最充分地体现了数字出版大规模定制的个性化服务和解决问题方案提供者的特点，因此营收确定，且增值幅度大，成长性喜人。这是目前最为诱人的数字出版类型。

3. 网络营销＋网络运营：网络既作为传统出版营销升级的工具，也作为内容产业的生产经营平台。美国大多数教育出版集团目前进行的数字化业务属于此类，我们这次访问的培生教育出版集团、麦格劳-希尔教育出版集团和圣智教育出版集团就是其中最典型的代表。这些集团深入地介入在线教育领域，开发各类新的在线产品，其营收随着规模的扩大而稳步提升，但是在线产品的盈利模式在很大程度上要借助于纸质产品来实现，所以无法严格地区分纸质产品与数字在线产品在这类商业模式中的地位和增幅。这种模式适应性广，可望实现新的（网络产品、广告）收入源与传统（实物基价）收入源之间的协同，形成营收上的叠加效应，而不是替代冲突，实现商业模式上的加法效应，从“卖一次”升级为“卖两次”(捆绑优惠)。圣智教育出版集团在向我们介绍其属下英语数字公司 Heinle 时，指出他们既希望出售数字产品，出售数字技术，也希望使用新技术来推动纸质图书的销售，所以他们很多的数字新产品是和教材捆绑在一起进入市场的。圣智教育出版的总裁罗纳德·邓恩（Ronald Dunn）认为，在未来的五年中，对于教育出版而言，混合体的模式将是最主要的模式。因为老师和学生都对传统的纸质图书有依赖感，他们不想失去这种工具；而纸质图书有一些比其他介质的图书更好的功能，如果想要深入地、集中地介绍一些知识，那么纸张还是最好的媒介，但是如果要做练习，或者是使用数据库、情景模拟等，数字化工具要比纸质做得更好。所以，圣智的策略是将纸质和数字产品相结合，让它们发挥各自的长处。

美国出版集团在推进数字化的进程中，对于新技术的采用更多地是通过与IT企业合作或收购IT企业的方式来进行的。如前所述，哈珀·柯林斯是通过与Newstand合作并拥其10%股权来完成其数字化基础设施建设的。而桦榭美国公司则通过收购Jumpstart来完成其网上广告销售的。Jumpstart是一家拥有数字平台广告销售经验的企业。在美国，有分别为纸质杂志服务的广告公司和针对数字杂志的广告公司，即这两类广告公司是分开的。为数字媒体服务的广告公司在美国具有很高的价值，桦榭公司为收购Jumpstart花费了1.1亿美元。桦榭公司在收购Jumpstart后迅速地推动了其所属期刊品牌网站的建设，优化了对搜索引擎的敏感度，大幅度地提高了网站的访问流量。约翰·威立也是如此，为了支持其高等教育在线平台——威立Plus，他们于2004年在俄罗斯收购了一家IT企业，大约有 80 名工程师，这些工程师中的大部分是俄罗斯以前从事太空研究的工程师，他们专门为威立 Plus 提供教学和技术支持。至于与谷歌、微软等大型 IT 企业合作更是许多出版集团开展数字化业务时的一种重要的选择。例如大多数出版集团均在利用谷歌的搜索引擎来拓展自身的业务。

二、美国数字出版的商业模式

在这次美国数字出版考察过程中，我们与美国同行讨论最多的问题是数字出版的商业模式及盈利模式。传统出版向数字出版转化最大的难点并不在于技术和资金，而在于能否把握数字出版的本质和特点，进而建立起相应的商业模式及盈利模式。

此次我们在美国考察的各大出版集团，均品牌显赫，资金雄厚，人才云集，而且对数字化转型有充分的战略理解和实际运作，但在商业模式及盈利模式上却受制于不同的出版类型和需求模型，表现出不同的状态。

1. 大众出版立足于人们的娱乐和生活，其主题分散、即兴、个人化，内容具有普适性、非专一性和离散性，读者阅读与购买呈现或然性和随机性，需求模型为“或然需求”。网络普及初期大量的信息以“免费午餐”的形式发布与消费，以至于在一定的意义上互联网文化可以说是一种免费文化，加上大众出版属或然需求，这就在一定程度上制约了网络普遍支付行为的产生，一时难以产生理想的商业模式。哈珀·柯林斯自认为是美国在数字出版业务方面最为领先的大众出版企业，尽管如此，其在数字出版领域的开拓事实上主要是在为传统纸质出版物开辟网上通路而已。虽然各家大众出版集团已陆续获得了一些网络产品的收入，但其金额均还没有超过总营收的1%，由此看来几乎可以忽略不计。哈珀·柯林斯的全球总裁布莱恩先生在向我们介绍时，承认在开发新的数字产品方面他们仅进行了一些实验，做得很不够。所以，在美国，大众出版的数字化转型仍然在隧道里潜行。

不过，约翰·威立出版集团对大众出版领域数字化业务的拓展值得我们关注。约翰·威立向我们介绍了其数字化旅游出版项目。当然这个项目也还是作为对其众多的导游类图书的补充而存在的。约翰·威立是全世界著名的旅游图书出版商，每年出版大约200种旅游图书，其销售额在美国市场上排名第一，在加拿大市场排名第二，在欧洲市场也有很大的影响。“佛式旅游系列”是约翰·威立的主打品牌，其“非正式旅游指南”也被认为是全球第二大旅游指南系列。2006年，约翰·威立收购了伦敦一家叫Whatsonwhen的小型在线旅游图书公司，这家公司提供B2B和B2C产品和服务。收购了这家在线旅游图书公司后，约翰·威立的战略是通过在线平台，为旅游产业的各个环节提供产品和服务，具体在两方面进行了在线业务拓展。一是利用丰富的品牌内容资源吸引众多的游客。网站上除了品牌图书的内容外，也有游客原创的内容，同时还有旅游信息、旅游计划、旅游活动等频道和一些非常著名的旅游博客。其商业模式主要是吸引酒店、旅行社、报纸在网站上刊登广告，同时也为酒店、旅行社提供网站功能设计并加以维护。二是使用了包括“梦想、计划、实现、分享”的“旅游之环”的概念，通过各类包括音频、视频的服务，个性化的旅游地图，以及以 GPS 为基础的产品等各种个性化创新的服务，满足读者在各个旅游环节的需要，增加旅游产品的销量，也进一步巩固品牌。约翰·威立在数字化旅游项目上的理念是，不想将数字产品仅仅作为纸质书籍的补充，而是希望在不久的将来将内容和技术有机地结合起来。

2. 专业出版立足于人们的职业与职业提升，主题系列化、规范化、组织化，内容具有实用性、专门性、针对性，读者阅读与购买存在必然性、选择性，需求模型为“必然需求”，加之能满足大规模定制的要求，促进了其成本—收益格局的优化，因此在网络运营中占据先机与优势。目前在专业出版领域数字出版业务已在很大程度上实现了盈利，它是数字化转型中商业模式成功的第一片霞光。励德·爱思唯尔出版集团、汤姆森集团和约翰·威立集团在这方面进行了卓有成效的实践。

在约翰·威立集团，我们详细了解了他们在数字期刊方面的实践和突破。如前所述，约翰·威立的期刊收入中有70%来自在线期刊。约翰·威立拥有近500种专业期刊，覆盖了14个学科领域，从商业管理、工程学、化学、生命科学到社会科学等。为了从事数字出版业务，约翰·威立建设了在科学、技术、医学和学术出版方面的专业出版在线平台（威立 Interscience）。在这一专业出版在线平台中，他们从学科和内容出发，将内容结构化，建成了若干大型专业数据库，从而打破了传统专业期刊尤其是综合性专业期刊的局限，能够更好地满足细分人群的个性化需求，从而创造出更多的市场需求。另一方面，由于通过在线传输，减少了纸张、印刷等费用，大大地降低了成本，创造出远远高于纸质期刊的利润空间，产生了新的利润源。在市场推广方面，他们开展了在线会员制业务，在高等院校和科研机构中吸收会员，并根据这些会员的个性化需求提供最新的专业信息和研究成果，以此收取相应的费用。目前威立 Interscience 在线平台的机构会员数以千计。去年开始他们在中国拓展在线会员，现在已经有150多所大学和包括中国科学院在内的一些主要科研机构成为会员，并使用这个在线平台，其中100多家获得了高级登陆许可。

在线专业期刊商业模式的关键在于掌握足够多的专业期刊，建立足够大的专业数据库，才有可能满足不同专业客户的个性化需求，进而获得相应的收入。为此，约翰·威立目前正在全球购买专业期刊的数字版权，据说这一购买行为在中国也进行得相当广泛。如前所述，约翰·威立为实现在数字出版方面重大突破的另一个重大举措是，于去年年底收购了欧洲著名的学术出版集团——布莱克维尔。布莱克维尔拥有850种一流的专业期刊和众多的专业图书产品线。实现并购后约翰·威立将拥有1300多种专业期刊，与励德·爱思唯尔集团一起成为全球最大的专业期刊出版集团。目前他们正在整合威立和布莱克维尔两个在线平台，以期创造更好的盈利模式。在线专业图书的商业模式与期刊类似，只是发展的速度稍慢一些。

3. 教育出版立足于人们的学历教育与教程，主题系列化、规范化、组织化，内容具有专门性、针对性、指定性，读者阅读与购买存在必然性、不可选择性，需求模型也为“必然需求”，但教育机构具有很强的自主研发能力和垄断性，以及较高的市场准入门槛、很强的竞价谈判能力，因此，网络运营中教育出版具备很大的市场空间，但机会成本高，风险较大，一旦获利，起点也高。

美国教育出版集团在数字出版领域的努力已经有十年左右的时间了，但严格说来，至今还没有像专业期刊那样找到可持续盈利的商业模式。在线的业务拓展在很大程度上是为了推销纸质图书。这也是汤姆森集团为什么在去年卖掉其下属久负盛名的学习集团，而集中财力在专业出版领域寻求数字突破的原因之一。我们在对四家著名的教育出版集团的考察中了解到，目前美国教育出版集团在数字出版方面的商业模式主要有六种类型：一是在线课程，使用视频、音频等多媒体技术使学生可以在线学习，这既可以作为对老师平时课堂的补充，也可以用作远程学校的学习。二是家庭作业管理，即老师布置作业，学生在线做后会得到即时反馈，这既可用作课堂使用，也可以直接给学生自己使用。三是在线测试，利用所开发软件系统对学生学习的结果进行测试，并发现学习中的问题。四是电子图书，可以在线下载。电子图书分为两种版本，一种与印刷本完全相同，另一种则在印刷本的基础上加入了视频等多媒体因素。五是在线课外辅导。美国和中国一样，中学生需要取得好的成绩，进入好的大学，学生的学习压力为在线课外辅导提供了机会。六是虚拟的体验性材料，如情景模拟、教学实验室、做游戏学习等。麦格劳-希尔教育出版集团的首席运营官迈克尔·海斯（Michael Hays）告诉我们，从短期而言，家庭作业和电子图书的营收最高，在线课程和虚拟的体验性材料在近期也有发展机会，但从长期来看，网上教育社区是最重要的收入来源。因为网络教育的基本特点在于使用者、教授和教学机构之间一对一的联系和互动。

基于数字教育出版目前的这种状况，美国出版商对此采取的是既积极又慎重的态度，伺机进行突破。培生教育出版集团在做数字出版时，除了将纸质图书的内容做成电子版外，还注重增加其他的要素，如增加评估的内容，用以跟踪学生学习的效果。同时也在技术和服务方面增加投入，培生于今年收购了一个远程教育的“电子大学”网站。目前大约有25000所美国学校在使用培生的电子产品，而其建设的side by side英语学习平台则有2500万成人在上面学习英语。约翰·威立在2004年推出了威立Plus，将传统的教科书和数字化的辅助工具结合起来，将CD和PPT等整合到教学的主要内容中。目前威立Plus则进一步整合来自威立教科书、教师等方面的各种教学资源，为学生在线学习提供更好的交互式平台。威立Plus有专门为教师设计的区域，教师可以在其中准备教学PPT，学生可以学习和操练，教师也可以布置作业，能自动为学生打分。约翰·威立高教部门的负责人里奇·皮洛基（Rich Pirozzi）告诉我们，威立Plus未来的发展目标不是仅仅提供内容，而是提供在线解决方案。他们做的工作是向学生和教师了解他们在教学和学习中遇到的问题，从而有效地给予解决，而不是向他们提供越来越多的内容，加重学生的负担。他还向我们介绍了今年约翰·威立在上海交通大学所做的一项教学测试。密歇根大学有一位从事材料科学的教授一直在使用威立 Plus，今年 7 月他去上海交大讲学，对一个班级的学生运用威立 Plus 进行教学试验。试验的结果非常好，89%的学生认为威立 Plus 帮助他们获得了更好的成绩，65%的学生表示威立 Plus 对他们的学习方式影响很大。

三、谷歌公司的商业模式及其对出版业的影响

在全球出版商逐渐进入数字出版业务的同时，另外一支力量 IT 企业也以另外一种方式进入了数字出版领域，其迅速发展的势头引起了传统出版业的震惊，并引发了不同的看法和诸多的争论。带着种种问题和疑惑我们访问了坐落在硅谷的谷歌总部和纽约的研发基地，与他们进行了面对面的交流和讨论。

谷歌公司成立于 1998 年，由拉里·佩奇和塞吉·布林

共同创建。目前谷歌公司向全世界提供将近120种搜索语言，建立了将近160个网域，在全世界有40多个办事处，网页每天的浏览量为44亿次，有80%的网民使用谷歌的搜索引擎，每个月有7亿多人次的访问量，谷歌在全球搜索市场上的占有率为65%。谷歌的目标是在网络上通过网页将所有的读者、内容和广告商相互联系起来；谷歌的使命是组织全世界所有的信息，并使全世界的人都可以搜索和使用这些信息。谷歌公司在全世界共拥有16000多名员工，其中有6000名高级工程师。

谷歌对数字出版业务的介入主要是通过其“图书搜索”项目进行的。谷歌搜索的图书有两个来源：一是从出版社处获得；二是来自图书馆。目前谷歌从出版社已经拿到的可供搜索的图书有100万种，全球有1万多家出版社参与了谷歌的图书搜索项目，其中包括像麦格劳-希尔、哈珀·柯林斯、牛津大学出版社等一些著名的出版企业。比如，牛津大学出版社将其1.6万种图书放在谷歌的服务器中，哈珀·柯林斯也将其6000种图书交给了谷歌。

谷歌的图书搜索可以在70多个网域中运用9种语言进行，2006年它推出了中文图书搜索功能。谷歌的图书搜索不仅能帮助读者搜索到其所需要的图书，而且还能帮助读者快速地就近购买到图书。谷歌利用其强大的技术力量，不断完善其搜索功能，推出新的搜索项目，以满足读者日益增长的需求。例如，2007年9月谷歌推出了“普遍化搜索”功能，图书内容与新闻等即时性资讯合并检索使读者在进行一般搜索时也能搜索到图书的内容，这个功能具有“拆墙效应”，打通了信息来源的区隔，实现了多媒体融合，这就改变了过去只能到图书搜索页面里去搜索图书的情况，极大地改善了图书内容的联动检索率。据谷歌介绍，这一新的功能克服了图书在谷歌检索系统中“边缘化”的状况，现已有5%的图书内容进入相关度排序，一些大众话题的图书已经在日常主题检索排序中进入前五位。谷歌的图书搜索计划合作主管建议我们，强化图书的标记词素与标记技巧研究，以便从谷歌的“拆墙行动”中获得更大的收益；同时，加强图书营销信息（书前书后宣传文字、作者背景、视频、话题由来、争议、名家评论、社会反响等）与谷歌条目的捆绑或链接呼应，以便放大服务与营销效应。

谷歌的股价2004年时为85美元，目前已上涨到700美元，谷歌的股价之所以会如此迅速地增长，在于资本市场看好谷歌的商业模式及盈利模式。谷歌的主要商业模式是匹配性广告。读者在使用谷歌的搜索引擎时，搜索结果的右边会出现与其相关的匹配性广告。比如说，你搜索"皮鞋生产商"，那么左边会出现搜索的结果，右边会出现相应的广告；而当你点击这些广告时，广告商就要按点击的次数付费给谷歌。2006年谷歌公司的广告收入已经达100亿美元。

作为技术供应商，谷歌公司必须与内容提供商合作，其商业模式才可能成立。同时，谷歌公司以尽全力帮助出版公司在全世界范围内寻找读者为自己的主要任务，并充分考虑内容提供商的利益。对此，谷歌公司向我们介绍了他们对待内容提供商的三条原则：一是充分尊重并保护版权。二是自主选择，如果内容提供商不希望再把内容提供出来，那么他们可以随时把内容拿回去，或者不让人们再搜索到相关的网页。谷歌的原则是内容提供商对此拥有选择权。三是利益共享，谷歌将广告收入的50%分给内容提供商。

在具体运作上，谷歌公司是这样为内容提供商服务的：谷歌将出版社提供的图书通过扫描的方式放进自己的服务器内。如果读者进入搜索到的谷歌图书网页，就可以看到书中的一些页面，但每个月最多只能看到20%的内容，书中有一些内容是永远不对外公开的。读者不可以打印、下载或黏贴书中的页面。因为谷歌设置的辨别率很低，这样人们就无法将其用于商业用途。同时，出版社有权在它们提供的每本书上放上自己的LOGO，这样当人们点击这一LOGO时，就可以进入出版社的网页。如果出版社的网站可以卖书，那么在销售商列表里，会排在所有其他销售商的前面。出版社也可以决定是否要在其图书页面上出现广告。谷歌也为出版社提供免费的营销工具。谷歌可以为出版社网站上的图书设计专门的图书搜索工具，还利用谷歌地图的功能告诉读者到哪家书店购买某一本图书。这样就促进了网上和非网上图书销售的数量。

从谷歌实践中，我们看到其搜索引擎对于专业类的非畅销图书确实起到了积极的作用。“长尾现象”告诉我们，只有少量的图书能成为畅销书，它们处于长尾的头部，读者可以很方便地寻找到，而对于处于尾部的图书则不然，它们停留在书店的时间和机会并不多。但现代的数字媒体使那些处于长尾尾部的只有少量受众的图书也可以一直存在并找到读者。在当今，无论在美国还是在中国，快速增长的品种与有限卖场的矛盾，图书较长生命周期与短暂展卖时间的矛盾越来越突出，使得出版业的“长尾”越来越“粗”，物理书店完全无力消化，网络展示与检索是未来的出路。因为在数字媒体世界里，没有存储空间的限制，一本图书只要创造出来，就一直会存在并且可以买到。而谷歌搜索引擎的作用就在于可以使读者很方便地找到那些处于尾部的非畅销书。我们这次在美国所访问的 8 家出版集团，对于谷歌搜索引擎对长尾尾部的图书所起的作用都异口同声地给予肯定。牛津大学出版社美国公司的副总裁施艾文告诉我们，他们放在谷歌上的图书在亚马逊网上书店的销量要比不放之前增加了28%。

不过，传统出版商对于谷歌的支持是有所保留的，那就是对于自己的核心产品和处于非尾部的产品，它们牢牢地掌握在自己手里的，而不愿意轻易地交给谷歌。同时，传统出版企业也正在努力地建立自己的数字仓库，希望谷歌的搜索引擎能到它们的服务器中进行搜索而不是到谷歌的服务器中进行搜索。例如，哈珀·柯林斯的布莱恩告诉我们，虽然到目前为止，哈珀·柯林斯还是把一部分图书内容提供给谷歌，由谷歌将内容数字化后保存下来，但他们希望改变这种情况，为此，哈珀·柯林斯建立了自己的图书数据库，并希望谷歌的搜索引擎到哈珀·柯林斯的数据库来进行搜索。谷歌已经答应了哈珀·柯林斯的这一请求，正在与其起草具体的协议。明年哈珀·柯林斯就要把其6000种图书从谷歌的服务器里拿出来。麦格劳-希尔教育出版集团的迈克尔·海斯也告诉我们，虽然他们有4000

多种专业图书放在谷歌的服务器里，但他们高等教育方面的教材及参考书是不会提供给谷歌的。牛津大学出版社也是如此，其核心产品词典和工具书并未交给谷歌，而是倾全力建立自己的词典工具书在线平台。

关于谷歌的商业模式，在硅谷谷歌总部我们与谷歌负责亚太和拉美业务的副总裁苏珂颖（Sukhinder Singh Cassidy）进行了探讨。我们很坦率地告诉她传统出版人的一些担心和思考：谷歌的商业模式与传统出版商的商业模式是存在冲突的。传统出版商的商业模式是通过卖内容来获得收入、产生利润的，而谷歌的商业模式是免费提供内容，通过吸引眼球获得广告收入来产生利润。虽然现在在谷歌上能够浏览的内容并不超过20%，但是，对于不同的图书来说，浏览20%的内容会产生不同的情况。对一部分图书来说，比如医学、商业、工程等比较专门的图书浏览20%的内容后可能会吸引人们去购买；而对于另一部分图书如教学参考书等，如果读者需要的内容在网上通过搜索就可以找到，他就不会去买了。这就会对传统的出版商业模式带来冲击。

另外，我们也建议谷歌改变一下内容整合的方式。从图书的角度看，目前谷歌是把出版社提供的纸质图书用扫描的方式数字化后储存在谷歌的服务器里，以此为搜索奠定基础。我们建议谷歌与各大出版集团合作，用谷歌的引擎直接到各大出版集团的服务器里进行搜索，这样可以解除出版商在知识产权保护方面的忧虑。对此，谷歌表示赞同，并愿意与我们一起来解决这个问题。

四、几点感受与建议

这次赴美考察数字出版，使我们比较充分地了解了美国主要出版企业数字化转型的战略布局、推动程序和行动逻辑，打开了我们的眼界，看到了我们的差距，提升了我们的境界，对于下一步中国出版企业如何推进数字化进程，在战略谋划、策略制定、具体运营、投资安排以及人力资源支持等方面有了较为清晰的认识。

1. 中美两国在数字出版方面的差距，首先表现在信念与信心上。这次考察中我们所接触到的所有美国出版企业在数字出版战略投入上都表现出极大的刚性与坚定。与此相关的是它们在数字化进程中均取得了明显的进展，信息技术已经被广泛地运用到出版工作的每一个环节，进而极大地提高了管理的水平和整合资源的能力。不仅如此，它们在从传统出版向数字出版的转型中均迈出了初步的步伐，比如均建立了各种类型的大型数据库和在线平台，开发了各种类型的数字产品，与 IT 企业开展了多方面的合作，对数字出版市场进行了初步的开拓等等。相比之下，我们在进入数字出版的过程中表现出极大的犹豫，很少有企业愿意为之投入哪怕不多的资金，其结果是数字化的基础工作都没有很好地得以开展，更谈不上开发数字产品、进军数字出版市场了。尽快地完成出版数字化的基础性工作，这恐怕是中国出版企业在数字化转型中首先要解决的问题。

2. 在这次数字出版考察中，中美出版人使用频率最高的一个词是“内容提供商”。它既是数字化运营中的定位，也是数字化系统工程中的角色。尽管中美两国出版人均对纸质图书有着深厚的感情，不同意查尔斯·汉迪关于纸质图书会迅速消亡的预言，况且至今为止，各种类型的电子阅读器在阅读的感官体验、情感体验及行动体验上都还没有达到纸质图书的水平，但大家还是看到了现代信息技术的迅速发展对传统出版业所产生的排山倒海般的冲击。数字产品在线、互动、大储存量，特别是能大规模地满足个性化需求的特点确实在很大程度上能够替代纸质图书对人们阅读的满足。但是，我们应该明白，传统出版的基本功能是提供内容，而不是出售纸张。从这一点说，出版的形态可能改变，而出版的功能不变。对传统出版企业而言，关键在于在内容生产和创新中处于什么样的位置，能否为内容生产和创新提供新的增值服务。

即使从运营的角度看，“内容”概念在数字化“处理”中也已经被赋予全新的内涵。从纸介质到高阶数据库（不仅只是实现数字储存与呈现），要经历一次次创造性的“内容处理”：它绝不只是简单的“信息搬家”，数字化不是粗鄙化，而是精致化，需要在传统编辑的“纠错”、“提升”工序中注入全新的工艺内涵，如信息转移过程中的“多媒体组合”。大型编辑与信息管理技术平台的开发与设计，是一项复合型的工程（资金、人才、技术含量很高），需要外部（技术、版权）资源高效整合（外包、外购）才能择期、有效完成。在培生教育出版集团，资深技术专家向我们展示了这种创造性“转换”的流程和工艺，也介绍了他们的另一番“意图”。这种高水准的图形、多媒体处理，提升、丰富了原作品，也使新作品有了新的版权主体，形成组合版权格局。于是，出版人以他们职业化的创意、职务行为的操作在新作品中占据一定比例的知识产权，该作品便成为出版者不同程度的自主知识产权的产品，原作者无法轻易“转会”，即便转换出版者，也需要征求形式版权合作者的同意，如果达成转移出版的协议，出版者也能控制部分创新的知识权利，从中获取收益。这样可以有效地固化与文字作者已有的著作权关系，可谓谋略深远。

更为重要的是，现代数字技术的发展，为大规模定制提供了可能，由此掌握更多的内容资源便成为传统出版人创造新的商业模式并提高盈利空间的关键。约翰·威立在专业期刊和旅游图书出版领域所进行的大规模并购及所创造的新的数字出版模式给我们带来许多有益的启示。它在一定程度上代表着数字出版未来的方向。

3. 在这次赴美考察中，我们与美国出版人反复讨论了数字出版的“商业模式”问题。商业模式的本质是盈利模式，外在思考涉及内容提供商与技术提供商的商业博弈，即运营权之争，数据库控制权，信息安全责任，初始授权的获得率；收益权之争，分账计划、比例和绝对值。内在思考则涉及“成本—价格—收益”模式，以及“需求—服务”模式的变局——数字产品卖几次？怎么卖？此外，专业出版数字供给模型中尝试开辟的“大规模定制”的路径，更加激发出版业“成本—价格—收益”模型的反思与变革。美国出版人心中根深蒂固的“客户中心论”思维，引导我们对于“读者中心”理念作深入的开掘，进行“需求—服务”研究。网络读者不仅有知识需求，即内容求实、求精，而且还有速度求快、支付求廉的“网络军规”诉求，以及增值服务的需求：譬如求检索便捷和知识的同题集束获取，求互动交流，求多媒体呈现，求娱乐体验，除此以外，还要对多媒体需求进行满意度分析。总之，“介质—传输”模式改变了知识产业的“供给模式”，最大限度地满足读者不断增长的“非分”需求是实现眼球集聚，进而实现规模收益和广告收益，最终实现盈利的必由之路，也是自在之途。

传统出版企业的商业模式大体上是一样的，即各个出版主体不仅在出版的方式和运营上没有差异，而且在盈利的来源上也是相同的。但美国数字出版的实践告诉我们，在数字出版时代，由于传播载体的变化和出版技术手段的提升，不同的出版主体要根据客户需求的不同，采取不同的商业模式。

4. 谁是数字出版未来的主导者，这是我们这次访美考察中非常关心的一个问题。谷歌、微软等 IT 企业依靠其强大的信息技术力量已经在很大程度上进入了数字出版市场，并建立了可持续盈利的商业模式。尽管谷歌的搜索引擎对于纸质专业类图书的销售具有很好的促进作用，但是其与传统出版商业模式相悖的商业模式还是在很大范围内遭到了传统出版人的抵制。站在出版人的立场，从今天的角度来看，这种抵制还是很有意义的。因为它促使IT企业在这次传统出版向数字出版的转型中更多地站在技术供应商的位置，从而有利于形成转型中内容提供商和技术供应商合作共赢的局面。

在美国访问期间，谷歌两位副总裁反复向我们强调了谷歌作为技术供应商的定位，在于帮助内容提供商在全球范围寻找到读者。他们承诺充分尊重和保护作者的著作权、出版企业的策划权和利益，坚持出版企业在合作中的自主选择、知情同意、可上可下。他们一方面为出版企业提供技术服务与工具，另一方面按页面广告收益与出版企业进行五五分账，并努力开发新的盈利点，让出版企业分享更多的商业收益。飞速成长的IT企业似乎不仅是我们这个时代创新的楷模，而且也应该成为出版数字化转型中重要的战略合作伙伴。当我们置身硅谷的谷歌新兴创新园区，这种直觉得到了强化。在硅谷期间，我们向谷歌提出帮助上海世纪出版集团完善现有数字图书仓库的建设，实现与谷歌搜索平台对接的要求，得到了谷歌的响应。谷歌承诺进一步开发和完善现有的检索“爬虫”技术，适应分散的出版企业数据库的要求，提高检索速度，并为上海世纪出版集团免费提供个性化技术支持和服务。

但是，出版人应该清晰地认识到，谷歌等 IT 企业之所以愿意与我们结成战略合作伙伴，是因为传统出版企业具有一定的内容生产、集成和创新能力，以及相应的庞大的内容资源。因此，如何维护老的出版品牌，打造新的出版品牌，积累更多的内容资源，建设一支经验丰富、富有创造力的专业编辑队伍，是出版企业在数字化时代最重要的任务，是我们安身立命之本。

5. 这次赴美考察我们还就一些具体问题与美国同行进行了交流，获得了一些共识。

（1）在数字出版的进程中，谋变的电子终端工具越来越多，如 PC 在线、手机在线、在线 e-Book 阅读器、在线

iPhone阅读器等等，但这些工具的基本特点是在线，非在线的电子阅读器均属淘汰之列。

（2）今后一段时间，始终存在三个不确定性：一是数字化内容与纸质内容主、辅地位的不确定性；二是数字化运营格局下出版与大传播边界的（不确定性）模糊；三是出版与教育运营商角色的（不确定性）转换。

（3）出版品牌领航作用，资本、人才的集聚效应，价值链与知识工程的强大惯性，使大型出版集团在数字出版的转型中处于主导地位。

（4）成熟的资本市场和资本运作，风险投资的引入，为数字出版转型提供了强大的支撑，并购与外包的扩张模式加快了数字出版的规模集聚。

（5）数字出版的跨媒体出版特性，打破了媒体分割，音频、视频的采集与传播成本越来越低，图文与音频、视频的混合出版物比重会逐步加大，这些突显了资源的融合效应，具有很强的规模效应。

6. 与美国数字出版的进程相比，我们在市场分割、媒体分割、企业规模、人力资源匮乏等方面存在的问题，使出版企业的信息化、数字化程度普遍不高，很少有企业真正进入数字出版领域，以至有可能丧失了一次重大的历史机遇。因此，建议国家出版行政管理部门会同其他有关部门以及政府投资资金共同建立专项产业基金，主要用于：出版信息化的研究和规划工作；教育培训和岗位实践活动，培养出版业短缺人才，比如数字出版、网络技术等方面的人才，也可用于吸引国外优秀人才；对前景较好的数字出版产品进行配套支持；也可挑选出部分龙头企业给予重点扶持，将其成功经验向其他企业免费推广。另外，对于企业进行数字化、信息化投入的部分，可采取税收减免抵扣的方式进行扶持。如果企业成立一个独立经济实体来开发数字产品，由于其所具有的高投入和高风险性，可比照《关于文化体制改革试点中支持文化产业发展若干税收政策问题的通知》中的精神，对这样的企业在一定时期内免征企业所得税，或降低增值税；如果该企业的产品涉及出口，可享受出口退税政策；如果先进设备需要进口，可免征进口关税和进口环节增值税。此外，还应鼓励出版企业与海外出版企业或信息技术企业合作或合资，吸引海外企业先进的数字技术和信息技术，打造数字平台，建立新的商业模式。

对美国数字出版的考察，使我们看到前行的道路长着荆棘，有着泥泞，但是我们对中国数字出版的前景充满着信心。因为在美国同行看来，对于数字出版的理解我们与他们处于同一条水平线上；而在我们看来，向数字出版产业转身的“斜坡”对中美两国出版人而言是一样的陡峭，需要一样的爬涉。当我们由美国的土地踏上东方航空MU586航班时，心情既沉重又喜悦，起飞前引擎的巨大轰鸣让我们激动、振奋，我们肩负着中国数字出版建设的重任。

数字化条件下传统出版主体的生存之路*

1. 数字化使我们这个产业的生存环境发生了根本的变化，使我们这个产业有了新的更大的发展空间，也使我们这个产业的市场主体开始了前所未有的转型。

从生产的角度看，所有的出版集团均把自己定位于内容提供者，所有的出版集团的经营范围越来越专业，以至于有人说，21 世纪所有的多元化集团都死掉了，活下来的都是专业化集团。

从运行方式看，所有的出版集团均按照数字化、信息

* 本文为 2009 年 8 月 30 日在“出版人论坛”上的即席演讲。

化的要求在改造自己的业务流程，建立数字化、信息化的业务平台。

从技术手段看，数字化、信息化的技术极大地提高了出版集团的生产力，以至在某些领域，有的出版人认为第一是技术，第二是技术，第三是技术。总之，数字化极大改变了传统出版业的方方面面，给我们带来了无限的机遇和挑战。

2. 但是，数字化、网络化的过程是一个快速发展而又逐步演进的缓慢过程。说快是因为技术的进步日新月异，一日千里。说慢是因为人的阅读习惯的改变是一个缓慢的演进过程。现代心理学及其实践告诉我们，人接受知识的第一扇窗的打开要影响到一个人的一生。复旦大学管理学院最近一项调查也证明了这一点。对大批量人群调查的结果显示，今天25岁以上人群获得知识的主要途径还是读书，纸媒还有30年的主导地位。从这点出发，我们还是应该客观地认识网络的作用和地位。

3. 对于传统出版业的主体来说，在数字化时代首先要明确自己的定位，如果我们把自己定位于内容提供者，那么，技术的日新月异将给我们带来的是无限的机遇和广阔的发展空间。但由此我们也更深刻地认识到内容对于传统出版主体的至关重要性，它是我们在数字化时代生存的根本。其次要重视数字化、网络化等技术的变革，不失时机地创新技术，看清产业发展的趋势，这样才可能使我们捕捉到机会，迎来新的发展。

在今天这个数字化时代，新的数字媒体开始进入传统出版业，它们没有内容，但它们试图运用先进的技术来获得我们的内容。它们目前所建立的商业模式有可能是一种颠覆我们原有商业模式的模式。但是新的数字媒体应该知道内容的创造需要高昂的成本，没有内容，新媒体新技术将一无所成。正是出于这种担心，我注意到全球主要的传统出版集团均离开新的数字媒体而独立地发展自己的数字化技术和网络技术以及相应的数字化业务平台。因此，在今天这个数字化时代，传统出版主体与新的数字媒体之间的合作和如何合作是全球内容产业面临的一个重大问题。

总之，在今天这个数字化时代，我们传统的出版主体既要看清产业发展的趋势，善于把握掌握新的技术，以此来发展我们的产业，同时也不能因为技术而忘掉了我们的根本——内容提供。

全球化：中国出版业面临的挑战与机遇*

——在2009年德国法兰克福书展国际出版高层论坛上的演讲

21世纪，随着中国加入WTO和互联网的迅猛发展，世界经济、政治、文化进入一个前所未有的一体化时期，全球化进程的高速推进导致了世界范围内史无前例的人员、资本、物资、信息等大规模地跨国界流动与交流，对人类文明的发展进程产生了深远的影响。全球化浪潮的不断扩展，使得中国越来越深入地与世界其他地区紧密联系在一

* 本文原载《文汇报》2009年10月17日。

起，中国出版人也从此进入一个全新的竞技场，站在全球性市场的新基点上，与世界范围的跨国传媒集团同台竞争和合作，这对21世纪中国出版业的发展构成了巨大的挑战与机遇。

最近30年来，中国经济的高速成长，使中国在世界上的地位和影响力不断增强，中国与世界融为一体的步伐不断加快，全世界迫切需要认识中国、了解中国，中国文化在欧美开始有了基本的市场需求，这为中国出版业建设全球性企业提供了稳固的前提，为中国出版企业的发展带来了巨大的发展机遇。1978年以来，中国经济连续30年平均保持9%以上的增长速度，经济总量不断扩张，2008年GDP总量达到4.333万亿美元，名列美国和日本之后，成为世界第三大经济体，2009年有望超越日本，成为仅次于美国的世界第二大经济体，这种经济的高速发展创造了人类历史上又一次“中国的奇迹”。同时，中国的对外开放度已经越来越大，几乎在所有的领域均不同程度地参与了国际合作。1978年，我国对外贸易进出口总额占GDP的比重仅为0.85%，连一个百分点都不到，而到了2008年，我国进出口贸易总额达到2.56万亿美元，占GDP的比重达到了60%。2008年中国的进出口贸易总额名列美国、德国之后，位居世界第三位，据预测2009年将可能超过德国，成为世界第二大进出口国。中国的外汇储备，1978年只有1.67亿美元，1993年12月只有211亿美元，2008年12月飙升到1.946万亿美元，2009年6月更增至2.13万亿美元，是当今世界最大的外汇储备国。人类文明的发展历史一再证明，主流经济决定了主流文化，一国经济发展的程度与水平决定了其文化在世界范围的传播和流布的广度与深度。伴随着中国经济地位的迅速提升，中国日益成为世界的主流经济体，世界要了解中国，这为中国出版企业走出国门，成为全球性企业奠定了坚实的基础。

与中国经济的高速发展相适应，中国出版业也经历了一个长达30年的高速增长的发展时期，产业的总产值增长了近30倍，年均增长率高达15.99%。但是，我的研究表明，从2007年开始，中国出版业开始进入一个深度调整期，它以低速增长为其基本特征，因为传统的图书市场增长潜力有限，而新的数字出版的商业模式还未成熟。一些基本情况显示，市场规模短期内不可能有大的扩容。第一，对于中小学教材出版发行的改革预示着中国出版业微利时代的到来。随着全国中小学教材出版发行管理体制改革的全面推开，教材出版的竞争程度将大为增加，教材在出版物销售总码洋中的比重将进一步下降，教育出版利润势必大幅下滑。第二，目前大众出版领域一定程度的无序竞争和低水平竞争已经表明现有的盈利模式难以为继，转型的压力非常之大。第三，随着出版机构由事业单位向企业单位改制的深入进行，人员安排、工资福利、社会保障以及组织结构、业务结构、产品结构的重新调整都会对传统的经营模式带来冲击，增加企业的运行成本和负担。中国出版企业开始面临增长极限的挑战，迫切需要进行战略调整，转变增长方式，突破增长瓶颈，以迎来企业新的成长周期；而走向世界，积极拓展全球出版市场，成为中国出版业发展实现战略转型的一条重要途径。

与此同时，信息技术、数字技术和网络技术的革命对出版业带来巨大的冲击，它促进了传统的传媒、电信、出版三大产业出现融合现象。这一转变使得三大产业必然产生资源相互整合的要求，而以企业并购重组为主要表现形式的三大产业间的资源整合在发达国家已经深入展开。与更为强势的传媒集团、信息网络集团、电信集团相比，出版企业的规模偏小，势必面临着更大的挑战。事实上，经过多年的企业重组和业务整合，发达国家传媒业、出版业的巨头已经初步完成了这种整合和重组，实现了自身业务发展和经营模式同信息技术革命的有机匹配和契合。值得我们注意的是，这种资源整合很大程度上是在全球范围内得以完成的。然而，对中国出版业来说，这种资源整合还没有真正发生，中国的数字出版虽然正在迅速发展，但是整体的商业模式尚未形成，还处于探索阶段，短期内难以为中国出版业的发展提供强大的发展动力和增长空间。因此，如何通过全球化的途径实现数字出版的突破也是中国出版业面临的重要挑战。

此外，外国资本目前已对中国出版业形成冲击。入世以前，外国出版企业就已经通过各种途径进入了中国出版业的零售和发行领域，并通过下游市场向上游领域逐步渗透。而随着入世过渡期的结束，中国书刊发行领域将对外资全面开放，外国资本投资中国书刊发行领域将不受限制。中国网上图书音像零售商卓越网的股权已被全球最大的网上零售商亚马逊公司买断。而约翰·威立、培生集团、兰登书屋、哈珀·柯林斯、斯普林格等出版巨头也都表现出强烈的意向试图曲线进入中国出版领域。另外，也已有一些国外出版机构开始在中国拓展电子图书市场、远程教育体系、电子期刊、数据库等新兴出版业务。国际出版巨头有强大的资金和技术优势，有丰富的市场营销经验和管理水平，它们直接或间接地进入出版领域，必将对中国出版企业构成巨大的挑战。面对这种来自外部的竞争和压力，在中国出版业集团化的进程中，造就一批在全球开展业务的跨国出版企业，不断提升自身的竞争能力，与国际出版巨头同台竞技，已被中国出版企业提上议事日程并开始尝试实施。

面对全球化的挑战与机遇，国际出版企业的跨国发展实践已经带给中国出版企业丰富而有益的启示，同时出版的全球化和数字化趋势也对中国出版企业的战略转型提出了更高的要求。当前，建立在出版主体公司化和市场化以及企业竞争领域全国化乃至全球化的基础之上的中国出版业集团化发展，必须在发展的路径上有更加准确的定位。现代经济史告诉我们，伴随着全球性市场的形成，市场的迅速扩容对市场组织方式提出了新的要求，大的市场呼唤着大的企业组织的出现，只有大的企业才能创造大的市场。从世界经济和产业组织发展规律来看，在企业的集团化发展过程中，多元化经营和专业化经营是其中两条并行不悖的主旋律。前者追求的是一种范围经济，通过业务匹配和功能耦合来降低成本，提高竞争力，通过多领域投资来降低风险；后者追求的是一种规模经济，通过专业分工来获得递增收益，建立核心竞争力和竞争优势，进而降低风险获取最大利润。当企业面对的是小市场、地区市场、本国市场时，企业扩张到一定阶段，只能是多元投资和经营，以获得范围经济的优势。而当企业面对的是大市场、全球市场时，就要求更加专业化地经营，由此大量的并购发生，大的跨国公司产生。现代以来，发达国家的出版企业正是沿着自我发展为主到收购兼并为主、跨行业发展为主到跨国发展为主的路径不断迈进。

20 世纪 90 年代中期，数字化进程的加速和互联网的迅猛扩张，各种类型的数字化业务平台不断涌现，导致了“内容产业”（Content Industry）这个新的产业概念的出现，这使得建立在网络基础上的大规模个性化定制成为可能，新的商业模式逐步形成，而国际出版产业也经历了一次席卷全球的收购兼并浪潮，出版全球化的进程迅猛加速。在这一轮购并浪潮中，一些大型出版集团为了适应现代信息技术发展带来的挑战形成自己的核心竞争力，纷纷进行业务结构的调整，通过在资本市场上卖出买进的方式将自己的业务领域集中在内容产业，其结果便是一批跨行业多元经营的大型集团转变为以内容提供为主的高度专业化的大型出版集团。例如，培生集团在90年代中后期先后卖出了自己在蜡像馆、拉萨德银行、西班牙主题公园的股份和在英国第五频道及B卫视的部分股份，加之利用从其他渠道融来的资金，通过一连串漂亮的“组合拳”，从1994年到1998年先后收购了艾迪生·维斯理出版公司、哈珀·柯林斯出版公司（教育出版部分）、西蒙·舒斯特出版公司（教育出版部分）三大教育出版公司，与原旗下朗文出版公司进行合并和重组；2007年培生再次用9.5亿美元从励德·爱思唯尔集团手中购并了哈考特教育公司英国中小学业务（哈考特评估测试公司和哈考特国际教育出版公司），从而使培生教育集团成为了全世界最大的教育出版集团。其他如汤姆森公司出售汤姆森学习集团，并购路透集团，将业务集中于信息服务；约翰·威立购并布莱克维尔，强化其在专业出版领域的地位；励德集团出售哈考特教育，收购为保险业提供数据和分析服务的ChoicePoint公司，加速数字化业务的拓展，全面转向信息服务；霍顿·米弗林购并哈考特美国中小学教育业务，加强教育和大众出版业务等。

它们的购并活动无一不是围绕着专业化的目标展开的。因此，中国的出版企业在全球化、数字化进程中，面对全球市场，其发展路径应该是走专而精的道路，以取得规模经济的优势。

当然，面对出版全球化、数字化的浪潮，中国出版企业要成为全球企业，其道路还很漫长和艰难。

中国出版企业要跨出国门，首先要解决的还是内容，为此必须明确内容提供商的定位。这里还有一个解决文化自信和自尊的问题。2008年，中国共引进各类出版物版权16969种，输出版权仅2455种，这说明中西文化的对话阵营在实力上完全不成比例。一般认为，美国文化席卷全球有“三片”：大片（好莱坞），薯片（通过“吃”文化造就了世界各地一代代儿童的美国梦），芯片（微软的Windows操作系统计划统治了全球所有的个人用户操作系统，美国的办公文化几乎影响了世界所有地方的精英场所）。同样，西方文化的影响在每个时期都有其标志性的内涵，古希腊时期的西方有“民主”，罗马时期的西方有“法律”，文艺复兴时期的西方有“人”和“人性”，现代性的西方有“理性”和“个人意志”，后现代的西方有“媒体”、“肉体”和“消费”。[1] 中国出版企业在走向全球的过程中，其内容和标志是什么，需要中国出版人认真研究。在这方面，我们要向西方同行学习，要通过参加西方出版人的俱乐部，了解西方社会的需求。我们知道，西方文化有其所谓“普世性”、“唯一性”，有着所谓的“西方中心论”，而中国文化也有其世界意义，我们要做的就是立足于西方需要了解、认识中国的这一需求，积极寻找东西方文化相互合作的途径。

在出版全球化发展的过程中，中国出版企业应准确把握国际出版业购并的趋势，突出主业，重视专业化，以此形成并强化自身的核心竞争力。出版作为内容产业，其业务经营的专业化程度较高，面对市场的扩张，应围绕内容

1 参见《没有灵魂的文化轻飘飘—— 对话北京大学教授王岳川》，《解放日报》2007 年 6 月 4 日。

的生产与提供，根据自身的产业链和价值链特点，积极拓展业务，所强调的是各种内容资源的多次经营开发。在数字化时代，出版企业即使是在内容产业的范围内考虑业务结构的多元化，也还是要注意形成核心产业和主打产品。因为，业务融合的结构安排不是削弱专业化程度，而是要求更精细的专业化运作，以形成核心业务和拳头产品。过快地进行多元化经营，势必造成主业不强、多角经营，整体业务规模很大却又形成不了规模效益的局面。应该看到专业化经营是多元化经营的基础，一个合理的多元业务结构的形成必须从专业化做起。

在全球化竞争的态势下，要与国际出版巨头同台竞技，中国出版企业还必须紧跟数字化的发展趋势，倾力打造数字化时代的业务平台，积极建立基于数字化的商业模式。如今，传统出版向数字出版转型已经是大势所趋。比如美国的主要传媒集团在从传统出版向数字出版的转型中均迈出了初步的步伐：汤姆森与路透合并后，在法律、金融和科技医疗信息服务方面形成了难以撼动的优势，并将在工程、石油化工、航空、汽车和保险等领域积极拓展业务；从汤姆森分离出来的圣智学习出版集团，作为全球领先的电子数据和教育出版商，通过推进各种类型的大型数据库和在线平台的建设步伐，开发了各种类型的数字产品，其旗下的Gale创建并维护着600多个数据库，服务于图书馆、学校和商业领域，提供精确、权威的参考文献、报刊内容；约翰·威立的Interscience在线平台则提供1400多种期刊和6000多种图书以及众多的参考工具书、数据库和实验室指南。相比而言，中国出版企业在数字化方面的步伐还很缓慢和初步，很多企业的数字化内容资源十分稀缺，技术手段也较落后，资金投入不够；而传统出版向数字出版转化最大的难点还不在于技术和资金，而在于能否把握数字出版的本质和特点，进而建立起相应的商业模式及盈利模式。为此，中国的出版企业必须紧紧追随数字技术的进展，大力开展内容创新，根据大众出版、专业出版、教育出版不同的出版类型和需求模型，探索建立有效的商业模式和盈利模式，积极推进传统出版向数字出版的转型步伐。

中国出版企业在成长为全球企业、参与国际竞争的过程中，还应根据比较优势，从国际出版产业分工中，寻找自身在出版产业链、价值链中的位置。200年多前，大卫·李嘉图提出了比较优势理论，认为区域间贸易的基础是生产技术的相对差别（而非绝对差别），以及由此产生的相对成本的差别。每个地区都应根据“两利相权取其重，两弊相权取其轻”的原则，集中生产并输出其具有“比较优势”的产品，输入其具有“比较劣势”的产品。传统出版产业的产业链和价值链是从编辑、出版、印刷、发行到销售的垂直型产业链。而在多种媒体互动的信息平台上，传统上分为各个行业的图书、报刊、广播电视与新兴行业数字化产品连为一体，以至于传统外在产业链正在内在化而变成新型出版产业的各部分或环节，由此也造就了较传统出版产业更长更广的复合型的新出版产业链。在全球范围，作为经济全球化的一部分，新型出版产业的产业链和价值链也就是跨国的产业链和价值链。具体来说，图书、报刊、广播电视和数字化产品的整合是跨国的，同相关产业和行业的联系是跨国的，内容产品和文化创新由取得原材料到制造产品到产品送达用户等一系列过程同样是跨国的。在国际新型出版产业链中，中国在物流、印刷等领域具有跨国出版集团难以匹敌的成本优势，而在内容领域，中国出版企业虽不具备优势，但是借助中国巨大的市场，可以迅速地与跨国出版集团合作，打入西方俱乐部，利用、占有它们已经开发出的数字平台和数字内容资源，从而占领全球内容提供领域的一席之地。此外，在与跨国出版公司合作的过程中，中国出版企业还可以通过并购西方出版企业的方式，实现企业的全球化发展。

打造优质内容平台，推进电子书产业内容与终端对接*

移动阅读终端是近年来数字出版产业的重要发展方向。从早期的电子词典开始，到手机阅读，这一领域的产品和商业模式正在探索中不断成熟。目前国际出版业在这一领域比较成功的产品和商业模式是以亚马逊网上书店的Kindle阅读器为代表的电子书。Kindle阅读器在美国市场的热销，引来中国不少电子厂商竞相效仿，带动了国内电子书产业的发展热潮。这一产业发展之初，如同其他移动阅读终端一样，电子厂商成为主要的推动者。随着技术升

* 本文原载《中国新闻出版报》2010年3月7日。

级和竞争加剧，由移动阅读终端主要用途为阅读和知识搜索的特性所决定，电子书产业发展越来越依赖于内容提供，该产业的发展已经由硬件开发推动转向内容与终端结合为主导的阶段。Kindle阅读器商业模式的成功，关键也在于亚马逊网上书店整合了大量数字图书资源，从而为电子书提供了强大的内容支撑，为消费者提供了新的阅读服务。抓住电子书新兴产业兴起的时机，使传统出版业的内容优势得以发挥，在内容和终端的对接上取得突破，是中国出版业完成从纸质向数字转型，实现新的跨越式发展的重要战略机遇。

在手持阅读终端的技术取得突破之后，推进内容与终端的对接成了关键，核心在于通过搭建优质的内容资源平台来打通整个产业链，使中国的电子书产业取得跨越式的发展。从目前中国的情况看，优质内容资源平台的搭建，需要解决以下四个方面的问题。

1. 建造图书数字出版转档平台，打通产业发展瓶颈（见附图1）。

电子书阅读内容的主体是图书及其多媒体形态。中国目前有40余款手持阅读终端面世，绝大多数缺乏足够的内容，尤其是优质的内容资源十分稀缺。另一方面，图书出版机构虽然握有大量资源，但这些资源绝大部分无法直接适用于电子阅读器。这是目前最迫切需要打通的产业瓶颈。欧美国家电子书行业之所以在内容与终端结合方面处于领先地位，重要原因之一就是其图书排版文件与中国不同，在转换为适用于阅读器的电子文件时相对比较方便。

据初步估算，中国目前在售图书不低于100万种，其中多数无电子文档；拥有电子文档的图书，其文档格式只能用于印刷，要想可以在电子书上阅读，就必须进行转档，即从排版文件转换为可被阅读器识读的数字文件。汉王等IT厂商采用的主要是TXT等纯数据文本格式，但这种电子文档无法模拟书的版式。部分出版商拥有PDF格式的电子文档，但这种文档主要用于电脑阅读，无法自动适应阅读器的屏幕，读者体验不佳，也必须重新转档。上海世纪出版集团已经研发出具备国际数字排版水平的CEpub标准格式，还在上海市科委等有关部门的支持下正在做印刷排版文件转换为XML文件（具有通用性的数据库文件）的研发，已有阶段性成果，便于搜索引擎的开发。目前的主要困难在于转换的准确率有限，还必须进行人工校对。

没有电子文档或电子文档不齐全、不规范的图书，如果要在电子书中阅读，必须利用光学字符识别技术（OCR）将其转换为数字文件。这种“扫描＋校对”的方法耗费较大，篇幅为30万字的书，转档成本约需800元。

大规模转档平台的建设必不可少，需要相当的投入。另外，从长远而言，根本性的解决方法是在图书制作时就生成一种通用的文件，既可以用于纸质出版，又可以适用于电子书和其他各种媒介的阅读。这是出版业的一项前沿性课题，世纪出版集团正在进行研发和攻关。

2. 建造数字出版版权认证和保护平台，切实保护内容提供者的权益（见附图2）。

与纸质图书相比，数字图书极易大规模复制，这使得数字图书的版权保护成为世界性的技术难题。亚马逊的Kindle阅读器已多次遭人破解，尽管它通过升级软件进行了修复，但已被破解而外传的图书则无法重新予以保护。在中国，因为历史与现实的原因，纸质图书的盗版比较猖獗，出版社对于数字图书的盗版更加担忧，这是出版社在与终端制造商对接时心存顾虑的一个重要原因。

世纪出版集团最近推出的辞海阅读器中，对于数字图书建立了双重动态加密机制，可以有效地保护数字图书的版权。为了做大市场、各方共赢、方便读者，我们愿意将辞海阅读器的文件格式与各家终端共享，倡导由政府部门或政府部门委托的第三方监管数字图书加密和解密的电子密钥，使切实保护与高效运作之间得到合理的平衡。

在加强版权保护的同时，还应该解决版权的认证和取得问题。由于数字出版主要是本世纪以来才出现的新的出版业态，对于本世纪以前出版的图书，出版者并不自然拥有数字出版的权利，而新的图书数字版权的取得也存在一些障碍，由此电子书产业的发展变得非常艰难。这就需要政府采取必要的措施，制订相应的政策来解决版权取得的瓶颈问题，尤其是引进版图书数字版权取得问题。

总之，有必要打造一个版权认证和保护的公共平台，有效率、有效益地解决数字图书的版权认证、取得和保护问题，使数字内容的提供者、销售者、使用者的合法权益都得到保护，使得出版社既可以有效地取得数字版权，也可以放心地向终端制造商提供内容资源。

3. 建造网络数字图书集成和交易平台，形成可靠的数字图书商业模式（见附图 3）。

目前的电子书行业，终端设备均向读者收费。内容方面，或者由终端提供商向读者收费，再与内容提供商分成，或者由终端提供商向内容提供商一次性采购，摊入终端设备成本。这样，每家终端设备销售商均需打造专属的销售平台，包括数字图书下载的网络平台和终端实体的销售渠道。对商家而言，效率低、费用高；对读者而言，由于各家的文件格式不可通用，使用起来相当不便。

世纪出版集团拟以辞海悦读器及其“辞海天下”网站为基础，运用“云计算”技术，面向所有的内容提供商、终端提供商和读者，建立一个公共的、第三方的、类似阿里巴巴的网络平台。对内容提供商而言，这是一个透明的数字图书销售平台，它可以按照预先的约定，自主决定数字图书以何种形式、何种政策销售，自动获取相应的收益；对终端提供商而言，由于无需向内容提供商逐一请求授权，它获得了低廉的、无限的内容资源；对于读者而言，由于任何一家的阅读器均可接入此网络平台并获得支持，他获得了便捷的、丰富的阅读享受。我们的这一云端服务平台，已获得2010年上海市发改委服务业引导资金的支持与投入，预计2011年可满足支持超过10万会员、单服务器支持100以上并发用户数、整体1000以上同时在线用户数的运营规模。打造此一网络平台，前期需要吸引国内出版单位参与，集中相当规模的优质图书版权资源。世纪出版集团所属出版单位历史悠久，在全国各出版集团中拥有较多的在版图书资源，并与其他集团保持着良好的业务联系。

我们凭借初具规模的终端产品市场、自身丰厚的图书资源和良好的版权保护信誉，有很好的条件来吸引整合全国出版同行的图书数字出版资源。前提是给予合作同行以最低版税保障，这也是国际上图书版权贸易的通行做法。要在短期内形成一定的优质内容资源整合规模，需要一定的前期投入。一旦形成良性的机制，则会出现多方共赢、产业做大的局面。

4. 建立合理的利益分配机制，保证产业链的通畅运行（见附图4）。

电子书产业链的市场主体包括作者、版权代理商、出版社、零售商、批发商、技术开发商和通信传输商等，他们处于产业链的某一个环节，有着各自的利益，如何设计合理的利益分配机制，调动每一个市场主体的积极性和能动性，是保证产业链顺畅运行的关键。

中国正处于电子书产业的兴起阶段，阅读器的硬件成本占据了电子书价格的大部分，而内容的价格被压到了极低的程度，甚至不少阅读器内置的内容都是免费赠阅的，这种情况导致了作者和出版商不愿意向电子书提供有价值的内容。当然，同时也存在有的出版社和作者对数字版权索要过高收益的状况。这两方面因素共同作用的结果，使优质内容提供成为了中国电子书产业目前难以迅速发展的瓶颈。

最近，美国出版业在电子书市场上演的一场采用何种定价制度的恶战也反映了建立合理的利益分配机制的重要性。美国出版业在定价制度上长期以来实行的是自由价格体系，由图书零售商自由定价销售，但是，为了抵制亚马逊Kindle店电子书标准的9.99美元低定价方式，全美大众出版领域六大出版集团中的5家联手苹果iPad店推行代理制，把电子书的定价权从亚马逊Kindle店手中夺回，并把新发行电子书的标准定价提高到12.99美元或14.99美元。目前这场战争已经扩大为出版社、版权代理商、作者、零售商、批发商几大势力之间的利益博弈，谁胜谁负还难预料。

可见，对于一个新兴的产业而言，在产业链的利益分配上确立合理的制度安排是极其重要的，当然它会有一个过程，但这个过程不宜过长。同样，在产业链的建设上也不宜出现单个企业通吃全产业链的情况。传统出版社对亚马逊推行零售制的顾虑，在我看来，更多的在于它是捆绑在亚马逊数字出版、网络发行、终端销售的自有平台、自有格式和自有设备上的。这种单个企业打通全产业链的战略和模式，一旦形成垄断地位，很可能颠覆出版业的原有格局，影响传统出版社的利益。今年9月16日，我访问美国西雅图市亚马逊总部时，曾经就这一问题向亚马逊高层发问，但该公司负责Kindle内容的副总裁戴维·纳加尔的回答是，亚马逊只想卖纸质图书和电子书，并没有进入电子书全产业链的打算。至于对亚马逊撇开出版社与作者达成出版电子书的交易一事，他也解释为是不得已的有限行为。

根据上述电子书产业发展的特点和趋势，对传统出版企业而言，电子书产业下一步的发展，必须以内容整合为重点，以制度建设作保证，用内容优势对接终端生产，全力打造内容整合业务平台，从而掌握产业链的关键和制高点。为此，建议政府出版行政主管部门从以下几个方面对电子书行业进行指导和帮助：

1. 加强产业引导。通过制订产业发展规划等形式，明确全国电子书产业的发展方向和发展战略。

2. 组织产业力量。集中国有宣传文化单位内容资源，建立以出版集团为龙头的电子书产业开发体系，通过内容资源整合主导整个产业链。

3. 加强基础建设。明确和统一技术标准，为电子书内容和终端的对接创造整合资源的前提条件。

4. 加强政策扶持。对电子书内容整合平台的建设给予税收、融资优惠政策和财政投入的支持。

5. 加强各方协调。通过合理的制度安排，对电子书产业的利益相关者进行协调，为各方的利益合作提供良好的环境。对于一些因利益问题而难以解决的问题，如数字版权的取得等，可由政府部门出面或政府部门委托第三方出面，通过制订相应的规则予以解决，以促进产业高效良性发展。

建立电子书产业标准格式

· 开发设计格式转换软件

· 建立标准的数字内容格式转换生产线

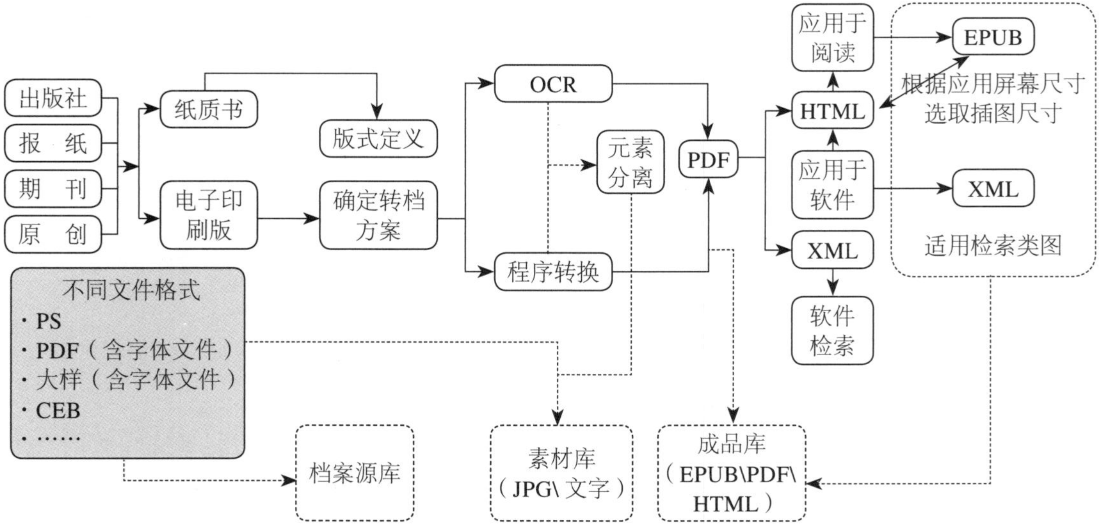

附图 1　图书数字出版转档平台

- 版权的认证与取得
- 保证数字内容的合法使用（有权限的人才能阅读）
- 防止数字内容在非授权情况下的拷贝
- 控制电子文件的二次传播

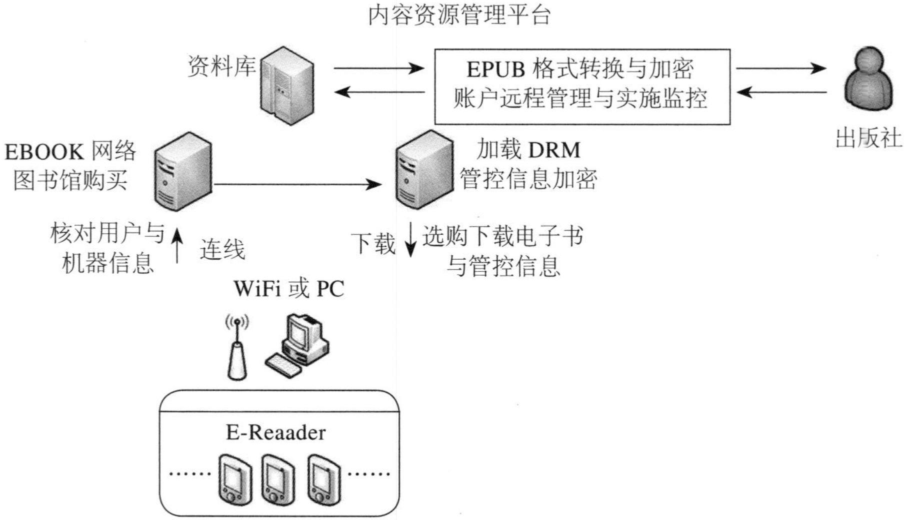

附图 2　数字出版版权保护与认证平台

· 出版社依托数据库对内容进行统一、便捷的管理
· 为版权所有者的出版和发行提供强有力的内容支持和保护
· 向终端提供商和消费者提供低廉的、无限的内容资源

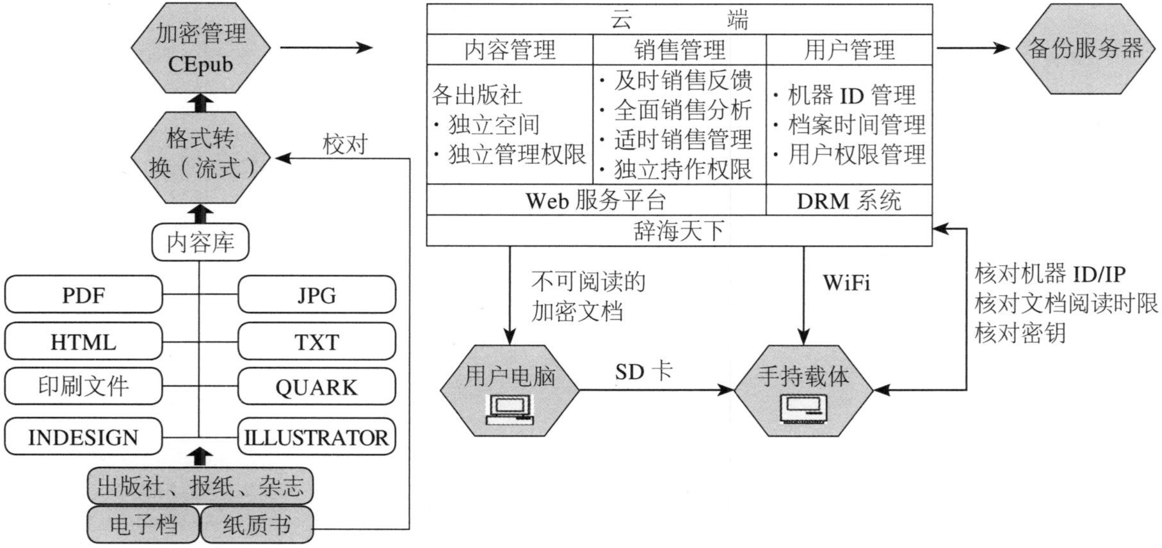

附图 3　数字出版云端网络服务平台（集成交易平台）

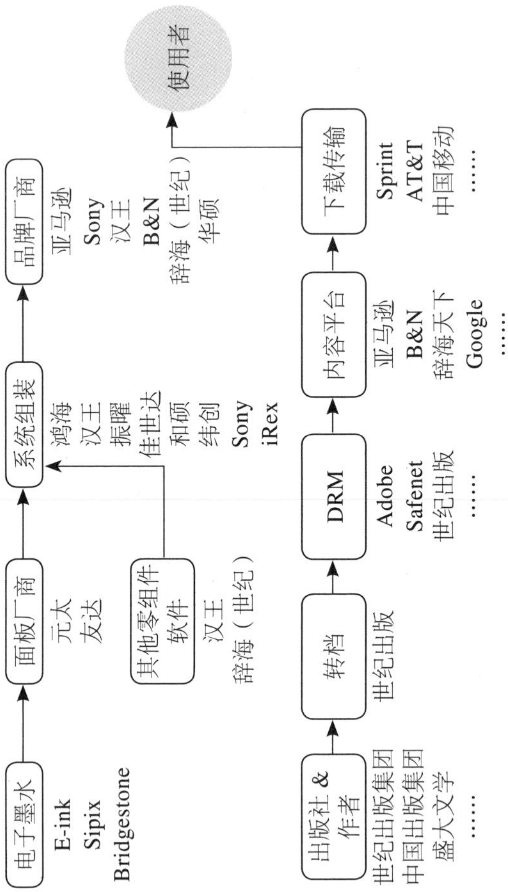

附图 4　电子书产业价值链

关于进一步做好上海数字出版资源建设的建议*

数字出版已经成为上海出版发展的重要战略，受到上海市委、市政府的高度重视。数字出版的关键问题之一，是出版资源的数字化建设。拥有海量的、优质的数字化内容资源，是进行数字出版的前提和基础，也是出版企业最核心的竞争力。近年来，上海市新闻出版行政主管部门在数字出版方面开展了卓有成效的工作。最近在市委宣传部大量资金投入的支持下，市新闻出版局计划将上海数万种已经出版的图书转化为特定的电子书格式进行存储，这种

* 本文写于 2010 年 12 月 18 日，为上海市政协提案。

积极引导、鼓励出版企业走数字化道路的努力值得充分肯定。

但是，目前市新闻出版局的计划实施方案，是将已出版图书的电子排版文档绝大多数转换为PDF格式，少数转换为EPUB格式，这在技术路线的选择上值得再作斟酌。为此，拟在介绍PDF、EPUB、XML等文档格式特点的基础上，提出上海数字出版资源建设的技术路线建议。

一、PDF文档的优点与缺点

PDF文档是美国Adobe公司在20世纪90年代初开发的一种旨在解决电子文档传输的文件格式，主要功能是将文字、图片等排版信息封装在一个文件当中，解决了图书在保存其原有排版样式的前提下能够通过因特网跨平台传输和呈现的问题。它对数字化早期的出版工作起到了重要的作用。

随着数字出版技术的日新月异，PDF越来越显示出它的缺点和不足。首先，PDF 最主要的优势是可以比较精确地呈现图书的排版格式，在个人电脑等大屏幕阅读终端上，可以近乎完美地还原出纸质图书的阅读效果；但是，PDF 文档的布局无法改变，在移动终端如智能手机、手持阅读器等小屏幕设备日益成为数字阅读主体的今天，它显得非常不方便，而且阅读体验很差。其次，PDF 是经过封装的，其内在代码十分复杂，转化为 PDF 文档之后，仅有储存、传输与阅读的价值，不可能成为数字出版可以利用的资源。第三，PDF 易于传播是它的优点，这同时也给版权管理带来了极大的挑战，到目前为止，还没有保护 PDF 文档版权的有效方法，这是由其格式本身决定了的。

二、XML与EPUB的特点

XML 是万维网（WWW）理事会于 20 世纪末推出的一项计算机语言标准，能够与数据库技术一样方便有效地表示结构化数据，在 IT 领域的应用十分广泛。

出版内容资源数字化的本质是出版物内容的结构化。只有实现了内容的结构化，实现了出版物内容与其样式的分离，才能对出版物的内容进行高效率的管理，从而实现对数字化内容的跨媒体多样式发布，极大地提高内容的生产效率并提升其发布效果，完成传统出版向数字出版的转化。目前国际出版企业均花大力气将其内容资源 XML 化。

XML 文档不是数字产品，它是数字产品的基础。它具有极好的开放性，可以简易地转换为任意的格式（包括 PDF），满足个人电脑、手机、手持阅读器等的需要。它既可以精准地还原图书版式，也可以满足设备或用户的个性化需求；它可以按照要求任意定制，不仅能充分满足目前的需求，也为满足未来的需求提供了可能。

EPUB 是国际数字出版论坛提出的一项开放的电子书标准，它是 XML 文档的一种表现形式，其主要特点是文字内容可以根据阅读设备的特性，以最适于阅读的方式显示。同时，它是开放的标准，不像 PDF 那样基本上属于依赖于一家公司的特定产品。

在国际出版界，欧美重要的出版集团均采用 XML 作为其出版流程的核心，学术出版集团、教育出版集团等多以此为基础做全方位的开发，而以大众图书为主的出版集团则多发布 EPUB 格式的电子书。

三、技术路线建议

综上所述，将图书排版文档转化为 PDF 文档无法达到推进数字出版的目标。这是因为：（1）PDF 文档虽有良好的存储性，但无法作为资源再利用；（2）PDF 文档虽有良好的阅读性，但无法自适应各类电子阅读设备；（3）PDF 文档虽有良好的传播性，但无法解决版权保护问题。而使用 XML 技术可以在保有 PDF 文档上述优点的同时，避免其上述的缺点。

为此建议，对上海市已经出版的图书进行分析，有重要再利用价值的图书，应当将其排版文件转换为 XML 文档；而主要用于流通阅读的图书，应当将其转换为 EPUB

文档，或其他可以根据阅读设备的特性，以最适于阅读的方式显示图书内容的文档格式。

当然，从短期来看，转换为XML文档的成本要比转换为PDF高，对技术的要求也高，研发的时间也较长；但从长远来看，考虑到资源重用带来的巨大的收益、自适应屏幕的商业优势和版权保护所规避的巨大风险，这无疑是极其合算的。四川出版集团在全国出版界的数字化进程中走得较早，自2005年起，他们就把所有的排版文件转换为PDF文档存储起来，但在开发新的数字产品时毫无利用价值，闲置多年，业内称为“数字化库存”，传为笑柄。上海显然不能重蹈四川的覆辙。

上海世纪出版集团较早认识到数字出版的本质，了解XML的特性，意识到根本性的解决方法是在图书制作时就生成一种通用的文件，既可以用于纸质出版，又可以适用于电子书和其他各种媒介的阅读。从2008年起，上海世纪出版集团在上海市科委和新闻出版局的支持下，开展了两项有一定前瞻性的科技攻关项目，一项是将已经出版的图书转换为 XML 文档，一项是在出版过程中直接生成 XML 文档。目前这两个项目都取得了较好的进展，建议上海市政府有关部门全力支持和推进这一项目的完成，并尽早将这一项目的成果在全市推广。

关于推进上海电子书产业发展的建议*

一、全球电子书产业快速发展，前景广阔

书籍，作为人类文明传承的载体，在积累人类文明成果、推动人类文明发展等方面作用巨大。在数字出版浪潮席卷全球出版业的今天，电子书作为书籍的一种新的形式而广受世人瞩目。

与有些人把电子书阅读器简称为“电子书”不同，这

* 本文写于 2012 年 5 月 3 日，为上海市第十次党代会提案。

里所说的电子书，是指以数字代码方式，将图、文、声、像等信息编辑加工后存储在磁、光、电等介质上，通过计算机或具有类似功能的设备读取使用的出版物。

与传统的书籍形式相比，电子书有着一些独特的优势，如：（1）占用存储空间小，一部电脑、一个阅读器、一部手机、甚至一个小小的存储设备（如U盘），就可以存放成千上万部电子书，且只要有相应的设备，可供人随时随地阅读。（2）获取方便，不用特地去书店购买，只要联网，就能下载获得。（3）检索功能强大，在百万字中寻找一个词语，须臾即得。（4）支持多媒体，现今的电子书在支持音频、视频文件方面已无任何技术障碍。（5）字体可自由缩放，方便有特殊需要的人士使用。（6）版本更新快捷、方便，可随时发布新版本的图书。（7）无需纸张，符合绿色环保、低碳生活的理念。（8）数据更加安全，一些电子书服务商推出的云服务可让用户在多个终端上阅读到动态同步的内容，即便丢失一个终端设备，也可用其他终端再次下载。

目前，电子阅读以其快捷、方便以及信息量大等特点给读者带来了一种前所未有的阅读体验，正在改变着大众的阅读习惯。电子书已成为数字出版最主要的出版形式之一。从世界范围来看，电子书的发展前景十分广阔，如2011年，美国的电子书销售额同比增长117%，达到9.7亿美元，在图书总销售额中已经占到8%左右。2011年，英国的纸质书销售额下滑了2%，而大众电子书消费总额为9200万英镑，同比增长366%，消费额在大众图书总销售额中已经占到8%。

二、制约中国电子书产业发展的主要问题

尽管电子书的兴盛是大势所趋，但是我们也应当看到，电子书面临的挑战也很多，特别是在我国，由于各种原因，电子书在编辑、制作、发行等方面还有一些问题尚未得到解决，电子书的发展受到了严重制约。这些问题包括：

第一，电子书市场缺乏必要的监管，电子书的制作、传播缺乏规范。一些单位，既无视其企业的社会责任，也

不顾自身并不具备电子书的编辑、加工、发布能力，以牟利为唯一追求，不加选择地传播各种内容，有的企业甚至非法盗用他人的内容资源。凡此种种，造成电子（书）内容质量鱼龙混杂，良莠不齐。

第二，电子书内容的数字化成为整个产业的薄弱环节。在中国，为了将历史图书资源数字化，许多厂商付出了巨大的资金、人力和时间，但是，与纸质图书相比，质量优秀、编校合格的电子书仍然是少数。同时，针对新增内容资源，如何在出版流程中就形成一个适用于电子书制作的文档，使其在满足纸质出版的同时满足各种数字媒介的需求，因其涉及传统出版业的流程再造，也是一个尚待攻克的难题。

第三，电子书的版权认证、取得和保护亟待加强。与纸质产品相比，数字化的电子书非常容易大规模复制，电子书的版权保护因此面临十分严峻的挑战。目前，电子书内容被盗版的情况比比皆是，一些大型网站为了获得更多的点击率也毫无顾忌地允许盗版电子书在其网站上存在。

第四，目前，电子书内容持有者太分散、技术开发有壁垒、销售渠道被垄断，使电子书产业链的每一个环节都存在效率低、费用高、风险大的特点。怎样运用云计算的技术，实现电子书的集成和公平交易，非常重要。

第五，在我国，内容提供商、技术开发商、渠道运营商之间存在着激烈的商业博弈，尚未形成合理的利益机制，这既需要发挥市场的调节机制，也需要政府的有关部门作合理的规范与布局。另外，也要防止在电子书产业链的建设上出现单个企业通吃的情况。

因此，我们认为，我国电子书的发展应该以内容为重点，以制度建设作保证，用内容优势对接技术开发和渠道运营，切实解决发展中的瓶颈问题，打通产业链，形成可持续的商业模式，才有可能迎来整个产业的发展与繁荣。

三、关于推进上海电子书产业发展的建议

当前，上海正按照党的十七届六中全会确定的建设社

会主义文化强国、促进社会主义文化大发展大繁荣的精神，提出了推进文化改革发展、建设国际文化大都市的战略任务。作为上海文化产业的重要组成部分，上海的出版业正积极面对数字化的挑战，加快实施创新驱动、转型发展，不断推进出版业向数字化转型的步伐，而加快发展电子书产业又是题中应有之义。因此，作为全国最重要的数字出版基地，上海应该在推进电子书产业发展方面发挥更大的作用。为此，我们建议：

第一，加快推进上海出版业的技术改造，早日实现传统出版与数字出版合一的现代化的出版流程再造，实现纸质书加工与电子书加工在一个编纂流程中完成的目标，以极大地丰富市场上高质量电子书的产品供给。如大力推进“基于内容对象的协同编辑和动态出版的技术研究和系统开发”、“数字出版内容资源及其跨介质动态发布的研究与运用”、“结构化排版研究及产业化实践”等数字出版项目的实施，并根据全球出版业发展的趋势和前瞻性需求，筹划启动一批新的科研项目，以推进上海在汉语和双语工具书编纂、一般出版物的编辑出版工作等方面的数字化进程，使上海出版企业在未来的电子书出版产业链中获得更加明显的技术和标准优势，从而不断增强上海出版业的竞争力。

第二，上海应加快电子书产业的市场体系建设，积极构建有利于电子书发展的良性的生态环境。作为数字化时代新兴的生产和消费市场，中国电子书产业的市场体系还远未形成，在统一性、开放性、竞争性、有序性等方面都存在很大的问题。这突出表现在电子书标准的混乱、数字版权获得的艰难、网上侵权行为的猖獗以及已形成的微支付格局，这些都制约着电子书产业可持续发展的商业模式的形成。建议上海修订一些条例规章以适应数字出版发展以后出现的新问题、新情况，同时，加快电子书市场规则的制定，加强对市场的监管，加大打击网上盗版侵权行为的力度，培养良好的市场竞争秩序，在全国率先营造一个良好的电子书产业发展的区域环境。

第三，积极筹组建设上海的电子书产业公共交易平台。中国的电子书产业要获得健康发展，迫切需要建设若干个面对所有内容提供商、销售商和读者的电子书的集聚、交易公共平台，以形成高效、可靠的电子书产业链的中枢，平台应当是第三方的，并在对相关各方利益维护上具有权威性。而作为全国数字出版的重要发展基地，上海应该积极率先筹组这一平台，并将之打造成为国内乃至全球最具影响的电子书产业链的中枢之一。

后　记

这是一部我早就想完成的著作。

我们已经生活在一个“互联网+”的时代。作为出版人，最近十多年来，我们强烈地感受到了互联网，特别是移动互联网对传统出版业带来的革命性变化，我们怀着极大的期待和热情拥抱互联网，进行着各种各样的探索；但同时我们在向基于互联网的数字出版的转型进程中也有着种种的困惑和不解，特别是缘于对传统出版和纸质图书怀有虔敬和依恋，加之碰到的重重困难，使得我们向数字出版转型的步伐多少显得有些迟疑、蹒跚和沉重。在我看来，产生这种情况的原因之一，在于我们虽然在实践中已经意识到、感觉到未来出版发展的网络化、数字化趋势，但在理论上还未能加以很好的证明和解释。因此，运用现代经济学的理论和工具，分析和论证传统出版与数字出版的融合并向数字出版转型升级的必然性，是一项很有意义的研究工作。

我最先想做这项研究的念头产生于2008年。在那年出版的拙著《中国图书出版产业增长方式转变研究》中，我针对数字融合的趋势指出，在数字化条件下，“图书作为一种信息产品，具有典型的边际成本趋于零的特征”；“数字出版的最大特点是交互式、易检索、价格低廉……未来数字出版物将在很大程度上取代纸质出版物”。[1] 不过，在那本书中，我也只是提出了一些基本判断，并没有加以分析和证明。之后，开展这项研究的打算一直在我的计划之中，但苦于工作烦忙，抽不出整块时间来完成它，只是断断续续做了些前期准备工作。

1 参见陈昕：《中国图书出版产业增长方式转变研究》，广西师范大学出版社2008年版，第71—72页。

今年1月，我退出了上海世纪出版集团的领导岗位，有了大把大把的时间，开始了“读自己想读的书，写自己想写的书”的新的人生之旅。我列出了四本书的写作计划，《数字网络环境下传统出版社的转型发展》是其中的第一本。本书共分上下两编。上编“数字网络环境下传统出版社转型发展的经济学分析”，是我最近半年来的新的研究成果。在这一部分，我运用现代经济学的模型和工具，证明在数字网络环境下，数字出版的边际成本趋近于零，而传统出版的边际成本趋近于一个大于零的固定值，因此，利用数字网络技术重构出版产业链，用互联网思维来改造传统业务流程、创新内容的呈现方式，是传统出版社转型发展的必然要求。在此基础上，我还提出了传统出版社转型发展的方向和路径及相应的建议。下编“数字网络环境下传统出版社转型发展的观察与探索”，收录了2002年至今我关于数字出版的八篇文章。这些文章记录了这十多年来中国出版业向数字出版转型的历程和艰辛，记录了传统出版人为此所进行的各种探索和努力，也记录了我对数字出版不断深化的认识过程。

本书的内容仅是个人运用现代经济学理论对中国出版业转型发展所做的思考，当然会有种种局限和不足，但自认为全书对出版业未来趋势的把握还是准确的，理论逻辑也是自洽的，更重要的是，它体现了一个出版人对事业的执着追求和一种求真务实的科学精神。

最近一段时间，对于“互联网+”，人们议论较多的是小米公司创始人雷军的一句话：“只要站在台风口，猪都能飞上天。”从借势的角度看，这话说的有道理。它提醒传统企业要善于把握“互联网+”时代难得的机遇窗口，不失时机地推进改革，完成基于互联网的转型升级，迎来新的发展高潮。但同时我还在想，当风停了的时候，传统企业怎样才能继续飞翔而不至掉下来。这里的关键是，传统企业不能做自己不会飞的猪，而要成为自己能飞的鸟，哪怕是笨鸟。就传统出版社而言，自己能飞的根本恐怕还是内容的选择、组织和创新能力，离开了这一点，一旦风停一定会摔得皮青脸肿，甚至可能一命呜呼。另外，即便站在

“风口”，也要明白，向数字出版的转型是一个不断试错的过程，不要一遇到挫折就打退堂鼓，更不要指望一飞冲天。要知道，错误不累积到一定的临界点，你是无法掌握事物的内在规律的，也是飞不起来的。

最后，我要感谢复旦大学经济学院张军院长，他在东方早报书评周刊上与《零边际成本社会》一书作者杰里米·里夫金的对话文章，让我获益良多；而他为本书所写的序言，特别是其中对于零边际成本社会的阐述将有助于出版人更好地理解加快传统出版与数字出版融合的意义。感谢格致出版社范蔚文社长和忻雁翔副总编辑为本书编辑出版所付出的辛勤劳动。感谢文化名家暨“四个一批”人才工程领导小组办公室为本书的出版提供了经费支持。

陈　昕

2015 年 7 月 1 日

图书在版编目(CIP)数据

数字网络环境下传统出版社的转型发展/陈昕著.
—上海:格致出版社:上海人民出版社,2015
ISBN 978-7-5432-2544-2

Ⅰ.①数… Ⅱ.①陈… Ⅲ.①网络环境-影响-出版社-企业发展-研究-中国 Ⅳ.①G239.22

中国版本图书馆 CIP 数据核字(2015)第 157217 号

责任编辑 忻雁翔
装帧设计 储 平

数字网络环境下传统出版社的转型发展

陈 昕 著

出 版 世纪出版股份有限公司 格致出版社 世纪出版集团 上海人民出版社 (200001 上海福建中路 193 号 www.ewen.co) 编辑部热线 021-63914988 市场部热线 021-63914081 www.hibooks.cn	**印 刷** 上海中华商务联合印刷有限公司 **开 本** 720×1000 1/16 **印 张** 16.25 **插 页** 4 **字 数** 109,000 **版 次** 2015 年 8 月第 1 版 **印 次** 2015 年 8 月第 1 次印刷
发 行 上海世纪出版股份有限公司发行中心	

ISBN 978-7-5432-2544-2/F·864 定价:48.00 元